活动育人 德性内生

——中学体验式主题班会的设计与实施

邱少莹◎主编

广东高等教育出版社
Guangdong Higher Education Press
·广州·

内 容 简 介

本书是集“体验式”“同课异构”于一体的主题班会教辅书。所精选案例中的作者都是中学一线优秀班主任，所选案例针对性强，均为解决学生学习生活中出现的问题。本书分理论编和实践编，理论编概述体验式主题班会的理论依据、优势所在；实践编从四大主题（规则与生命、团结与合作、青春与责任、梦想与励志）9个精彩主题班会详细地呈现教育过程、教学反思与建议、听课教师点评和学生课后感言。

本书旨在提升班主任的教育思想、专业技能和专业素养，引导班主任通过体验式主题班会来激发学生自我教育的潜能，探索出适合中学生不同年龄段的主题班会形式。

本书是一本一线班主任拿来就能用的主题班会教学参考书，扫描书中每个班会课后面的二维码，即可获取相应的课件。

图书在版编目（CIP）数据

活动育人　德性内生：中学体验式主题班会的设计与实施/邱少莹主编. —广州：广东高等教育出版社，2023.5

ISBN 978-7-5361-7411-5

Ⅰ. ①活…　Ⅱ. ①邱…　Ⅲ. ①中学-班会-设计-案例　Ⅳ. ①G631

中国版本图书馆CIP数据核字（2022）第241692号

HUODONG YUREN　DEXING NEISHENG：ZHONGXUE TIYANSHI ZHUTI BANHUI DE SHEJI YU SHISHI

出版发行	广东高等教育出版社 地址：广州市天河区林和西横路 邮政编码：510500　电话：（020）87553335 http://www.gdgjs.com.cn
印　　刷	广州市友盛彩印有限公司
开　　本	787毫米×1 092毫米　1/16
印　　张	13.75
字　　数	260千
印　　数	2023年5月第1版
版　　次	2023年5月第1次印刷
定　　价	42.00元

前　言

2018年，习近平总书记在全国教育大会重要讲话中提出“坚持把立德树人作为根本任务”。班会课是实施“立德树人”的主阵地，多年的班主任生涯让我深知班会课所具备的重要育人功能。但是传统的主题班会课存在很多问题，如内容过于脱离学生的生活实际，缺乏让学生自己去体验并进行品德内化生成的舞台，往往是热热闹闹过后什么都没留下。那要如何改变这种现状呢？我们认为可以进行体验式主题班会的尝试，它重视学生的体验和分享，比起单纯的说教更能在学生的心中留下不可磨灭的印象，因此也能收到更为显著的教育效果。实践证明，体验式主题班会是现代中小学德育的一种行之有效和具有应用推广意义的新的班会形式和途径，通过体验式主题班会来激发学生自我教育的潜能，满足学生的个性发展需要，让学生自己去体验并进行品德内化生成，是破解当前中小学德育低效的新举措。

本书是集“体验式”“同课异构”于一体的主题班会教辅书。精选案例中的作者都是中学一线的优秀班主任，所选案例针对性强，均为解决学生学习生活中出现的问题。教师们结对子从主题班会课的四大主题（规则与生命、团结与合作、青春与责任、梦想与励志）中选择其中一个主题，针对同一主题确定相同的主题班会课题目，然后运用活动体验的一般原理来设计主题班会，通过“同课异构”的形式，“同中求异，异中求同”，以达到和而不同，各显其美。本书所选案例都是详细教案，每节课在上课之前，工作室都会召开例会，集体帮助开课教师磨课。经过一次又一次的修改，最后才形成定稿。上完课之后工作室教师们又会根据课堂上学生的反应情况提出修改意见，开课教师再次进行修改。这有别于课前的教案，教案如果没有经过课堂的检验，终究只是纸上谈兵，而上过的课可以给我们更多的思考。本书精选的教案是经过工作室教师认真讨论、反复斟酌而后形成的优秀教案，凝聚着集体的智慧。

本书既有理论，又重实操，教案详尽，同时扫码即可获得该课课件，附有的教师点评让读者能更深刻、多角度地理解主题内容和设计意图。本书旨在提升班主任的教育思想、专业技能和专业素养，引导班主任通过体验式的主题班会来激发学生自我教育的潜能，探索出适合中学阶段不同年龄段的主题班会的形式，使主题班会更具实效性，更能满足学生个性发展的需要。

本书分为理论编和实践编，理论编概述体验式主题班会的理论依据、优势所在以及主编和编委所撰写的相关论文；实践编呈现9个精彩主题班会的详细教育过程、教学反思与建议、听课教师点评和学生课后感言。本书附有二维码供读者下载该课的课件，是一本一线班主任拿来就能用的主题班会教学参考书。

邱少莹

2022 年 12 月 12 日

目　录

理　论　编

实　践　编

理论编

战国时期思想家荀子说“不闻不若闻之，闻之不若见之，见之不若知之，知之不若行之。学至于行之而止矣”，宋代诗人陆游写道“纸上得来终觉浅，绝知此事要躬行”，美国教育家苏娜丹戴克也曾说过“告诉我，我会忘记；做给我看，我会记住；让我参加，我就会完全理解”，古今中外的这些名人名家所持的观点无不说明了参与体验的重要性。

体验式主题班会，是指以主题班会课为载体，以促进班集体建设和学生健康成长为目标，用团体心理辅导、游戏、活动等方式，创设切合主题的体验情境与活动，有目的、有计划地引导学生在充分参与体验活动中获得亲身体验；进而对所亲历的过程进行抽象、概括，从而形成观念；并指导学生通过反思已形成的观念，产生新经验、新认识，并且不断循环迭代的一种班会形式。

体验式班会通过“创设情境（活动）—体验—感悟—交流和分享—升华”的过程，让每个学生亲身体验，互动分享，使其真正有所触动、有所感悟、有所提升。它注重在班会开展的过程中，坚持以人为本的理念，充分尊重学生的德育主体地位，通过体验式活动创造出一种相对宽松、民主、平等、互相尊重的课堂氛围，激发学生学习的积极性，调动学生参与的主动性；它不仅关注体验活动中个人的体验，更关注个人体验后和其他同学的交流、分享和辨析过程，这一过程既是价值澄清的过程、朋辈教育的过程，也是学生实现自我教育和自我成长的过程。

体验式班会摒弃了传统班会教条式的说教，而重在激发学生主动参与、自我省悟和自我教育；它不再是一人或几人在台上表演，让绝大多数人当观众，而是每个学生都是主人，每个学生都是参与者；它不再是一言堂，而是在宽松民主的氛围中，让全体学生针对某一问题进行讨论、思考，畅所欲言，从而碰撞出思维的火花，在沟通中越辩越明，形成正确的道德判断，并在价值观形成过程中促进“知”“情”“意”“行”的和谐发展，从而让学生真正从班会课中体验与领悟道德教育的内容，并将知识内化为对自身的要求和往后的行为准则。从这一点看，体验式主题班会更新了教育工作者的教育理念和教育手段，实质上是变以教师为中心的教育为以学生为中心的教育，这符合新时代教育的发展趋势。

以下几篇体验式主题班会论文，将多角度、多方位具体地为大家呈现体验式主题班会的特点与优势。

浅谈体验式主题班会对学生知、情、意、行的有效影响

——以“团结你我，砥砺奋进”一课为例

潮州市枫溪区枫溪中学　邱少莹

美国教育家苏娜丹戴克说过：“告诉我，我会忘记；做给我看，我会记住；让我参加，我就会完全理解。”宋代诗人陆游也说过：“纸上得来终觉浅，绝知此事要躬行。”以往的主题班会更多地关注学生的理性认识，忽视了主题班会带来的情感体验，而只有让学生经过亲身体验才能真正有所触动、有所感悟、有所提升。体验式主题班会注重在班会开展的过程中，通过体验式活动激发学生的学习积极性，调动学生参与的主动性，在参与、体验、交流和分享中实现自我的成长，是一种由内至外的自我教育。

潮州市名班主任邱少莹工作室的蔡昭萍老师以“团结你我，砥砺奋进”为主题，举行“中学体验式主题班会研究”实践教学和研究活动，取得了不错的效果。下面我以蔡昭萍老师的实践课为例，从知、情、意、行四个维度对体验式教育主题班会的实践策略进行探讨。

主题班会背景：当下中小学生大多数生活在父母所创造的优越环境下，父母和祖辈的溺爱和娇宠，使得他们缺乏团结互助的意识和行动，多数人都是以自我为中心，缺乏以集体利益为先的团队精神，集体荣誉感较差，合作能力也较弱，偶尔喜欢耍小性子；而有些同学渴望与人交朋友，和别人一起共同做事情，却因不知怎样与人合作而烦恼。如何让学生意识到团结合作的重要性，强化学生团结合作意识，学会如何与人合作，增强班级凝聚力，培

养团结向上的班风，是学校德育工作的重要内容。因此，体验式主题班会“团结你我，砥砺奋进”非常具有现实意义。

一、“知”，由“感”而得

“知”指的是认知、观念，认知包括感知觉、想象和语言、记忆等复杂心理活动。

1. 温暖、活跃的融入

蔡昭萍老师的主题班会从身体和情绪两方面进行“暖场”：师生起立合唱歌曲《众人划桨开大船》，优美的旋律、富有节奏的拍掌、昂扬的歌声，把全班同学的参与热情调动了起来。学生感知了歌词的教育意义，也让身体处于一种温暖、活跃的状态，从而营造开放、接纳的心理氛围，为后面开展活动打好基础。

2. 入境的感知

为了帮助学生正确认知团结合作，蔡昭萍老师安排了男女生分组朗诵《团结是什么》。通过朗诵回忆以往举办过的接力赛和拔河赛中一幕幕令人感动的场景，让学生初步感知团结合作。

二、“情”，由体验而发展

情，即道德情感，是人们对道德关系和道德行为所产生的爱憎好恶等态度，是进行道德判断时引发的一种内心体验，对品德认识和品德行为起着激励和调节作用。

分组朗诵之后，蔡昭萍老师把全班学生分成 6 个小组，分别扮演身体的各个器官，分角色辩论“谁是最重要的”这一话题。教师把事先准备好的 6 个气球（上面分别画有眼睛、鼻子、耳朵、手和脚）分发给各组，一个气球代表一组。随着教学的推进，学生的情绪逐渐被调动起来，大家争先恐后地你一言我一句，各自阐明自己的重要性，但是学生觉得支撑“自己最重要”的理由或证据越辩越苍白。这样的思维碰撞让学生感悟到“我们的五官，各有所长也各有所短，只有它们融合在一起，才能成为一个漂亮的脸蛋。这正如我们班的每一位同学，只有每个人都发挥自己的力量，团结一致，才能创造一个优秀的班集体”的道理。在自主辩论和教师的引导下，学生明白了团结合作的重要性，并在内心深处接纳了合作，带着对合作的强烈认同感进入下一个体验活动。

为了让学生体会到“团结合作”的重要性以及探索如何团结合作，蔡昭萍老师设置了体验式活动——“建塔”。全班学生分成6个小组，规定在5分钟时间内用3张报纸完成建塔任务，看哪一组建的塔又高又稳。建塔过程中教师进行巡视和指导，并特别留意建塔最成功的组和建塔失败的组。活动结束后，教师先提问建塔成功那一组的学生：在这个活动中，你们有分工吗？如何分工的？你们是如何处理分歧的？再提问建塔失败的组：究竟是什么原因使你们的塔没能建起来？学生经过思索，很容易得出结论：“一个活动要取得成功，不仅要建立一个良好的合作关系，还要有明确的目标、合理的分工以及默契的配合。”正所谓“自我教育才是真正的教育”，通过刚才的动手实践和自我感悟，再加上身边小伙伴的体验感悟，学生明白了团结合作的重要性以及懂得了如何团结合作。

以上活动的设置符合体验式主题班会的“主体性、体验性”原则，同时达到激情激趣、以情明理、情理交融的作用，为接下来的指导行为、内化品德做铺垫。

三、“意”，由反思而增强

意，即道德意志，是为实现道德行为所做的自觉努力，是人们通过理智权衡，解决思想道德生活中的内心矛盾并获取支配行为的力量的心理过程。

为了帮助学生将认知和情感转化为道德意志，蔡昭萍老师趁热打铁让大家从团结合作的角度回忆过去感动的瞬间或不完美甚至是后悔的往事。在这个过程中，学生轮流分享自己在团结合作方面的经历和感受。同龄人的故事更有熟悉感，更接地气，更容易引起学生的情感共鸣。学生的发言也非常真挚感人，令人动容。其中一名学生平时很少参加集体劳动，当他在发言时反省了自己卫生轮值缺勤的做法，表达今后要和其他同学团结努力的意愿时，全班响起了热烈的掌声。这就是课堂生成，是德育教育的动态生成，它体现学生的自我教育和同辈群体之间相互教育的作用。总的来说，这个环节引导学生不断自省，促进了学生团结合作观念的内化和形成，同时有效助推他人观念的内化与形成，使认知和情感转化为道德意志，从而增强了“意”的自律性。

四、“行”，由内化于心而落实

行，即道德行为，是人们在行动上对他人、社会和自然所做出的行为反应，是人的内在道德认识和情感的外部行为表现，是衡量品德的重要标志。

在班会课的最后，蔡昭萍老师让学生完成表格填写：对于团结合作，你想对你的同学、你的合作伙伴说些什么呢？你们打算怎么做呢？学生通过完成表格，把自己今后打算在团结合作方面做得更好的想法和做法写下来，并付诸行动，逐步变成自己的行为习惯。主题班会在齐唱歌曲《相亲相爱一家人》和放飞“团结你我，砥砺奋进”的标语气球中结束。

实施效果评价：从这节体验式主题班会的实施情况来看，整节课知、情、意、行涵盖全过程，四个环节逐步上升、逐步整合，同时又相辅相成，彼此渗透。蔡昭萍老师教态自然大方，笑容可掬，语言幽默，非常具有亲和力，能充分调动学生参与的积极性，大部分学生参与热情较高，能积极参加各种体验活动，发言踊跃、各抒己见，特别是在辩论环节，大家都争先恐后地发表自己的看法。教师及时的反馈与点评也能够引发所有同学的内心的思考和心灵的触动，从而达到了体验式主题班会的最终目的：彻底摒弃灌输和说教的模式，给学生体验的空间以促进学生反思与成长，使他们真正成为道德的自我建构者，从而实现从他律到自律的实质性转变。

根据美国学者埃德加·戴尔的学习金字塔理论，我们知道不同的学习方法达到的学习效果是不同的：学习两周之后学生对知识的保持率在 5% ~ 90% 不等；用耳朵听讲授，知识保持率为 5%；用眼去阅读，知识保持率为 10%；用讨论的方式，知识保持率为 50%；而亲身体验、操作实践的方式，知识保持率为达到 75%；马上应用则达到 90%。这表明体验式学习方式的确更有利于学生对知识的保持。基于对传统灌输说教式主题班会的反思和批判，注重情感体验已成为众多德育工作者的共识。不过，很多一线教师在如何实施体验式主题班会活动上仍然面临着很多困惑和困难。工作室目前已经进行了 4 个体验式主题班会的尝试，尽管并不完美，但已经取得的积极效果足以说明，在活动中体验是主题班会的有效方式，也是培养学生知、情、意、行有机统一的有效手段。当然，要比较成功地实施这种体验式教育主题班会，对教师的要求非常高，它需要教师转变教育教学理念，包括教师角色意识的转变和学生观的转变。不管怎样，体验式主题班会对于学生的健康成长有着重要的积极作用，推进体验式主题班会的开展是顺应教育改革要求的必然趋势。

小活动也有大作为

——浅谈后疫情时代下体验式主题班会的活动设计

潮州市湘桥区阳光实验学校 李 枫

教育部《中小学德育工作指南》中提到，要精心设计，组织开展主题明确、内容丰富、形式多样、吸引力强的教育活动，以鲜明正确的价值导向引导学生，以积极向上的力量激励学生，促进学生形成良好的思想品德和行为习惯。因此，班主任如何利用好班会课这一德育教育的主课堂向学生渗透正确的思想，从而树立正确的人生观、价值观，显得尤为重要。

2020 年春节，因着一场肆虐的新冠疫情，全国实行“停课不停学”。除了注重知识的学习掌握，我们也及时挖掘疫情中的德育素材，通过录制主题微班会推出爱国教育、生命教育、心理健康教育等一系列德育课程。特别是众多逆行者所承载、传递的爱国、责任、担当等价值观念，极具教育价值和意义。了解战疫事迹和战疫精神，不仅有利于帮助学生培养家国情怀、责任意识和担当意识，更能帮助他们形成正确的人生观、价值观。

后疫情时代，学校的教育教学工作从线上恢复到线下。作为潮州市中小学名班主任邱少莹工作室的成员，我们正开展着中学体验式主题班会课序列化研究。所谓体验式主题班会，是通过设计活动内容，以教师引导的方式，让学生主动参与到班会活动中来，并在活动中去体验、去感受。它不同于“灌输式”班会，让学生洗耳恭听，而是学生通过自己的亲身经历或对事物的观察思考，去获得真实的情感体验和深刻的思想认识。因此，体验活动是体验式主题班会的核心部分。在设计体验式主题班会时，班主任应根据主题，选取学生比较感兴趣的、符合学生认知特点的、能调动学生参与热情的体验类活动，让学生在参与体验的过程中去感悟、明理，从而收到教育实效。

一、观看视频，直观感受

经历过“停课不停学”的在线学习之后，视频学习以其丰富的画面、精练的文字、跌宕的声音等特点充分激发学生的学习兴趣；同时也以其直观感、形象感引发学生的情感共鸣，成为教育的新工具。

后疫情时代，班会课的主题不能局限于校园生活，我们要敏感地抓住热点时事中的教育契机，将其引入主题班会，引导学生关注社会时事，塑造学生正确的人生观和价值观。充分利用好抗疫视频，既能宣传、弘扬爱国主义精神，又能引导学生在疫情中成长，明确自己的责任和担当，努力学习。如2021年2月春季开学第一节主题班会活动“未来已来，未来可期”。在回顾过去一年经历的事后，通过播放视频《感动中国2020年度特别致敬抗疫英雄》这一活动，展示那些守护着我们的每一个普通而又伟大的中国人，引发学生关于热爱祖国、关于个人价值、关于责任担当的思考。此外，时值加勒万河谷冲突现场视频正式公开、刷遍全网，在班会课上及时播放视频《“加勒万河谷冲突之战”英雄事迹》，既能让学生快速地了解时事信息，又能真实地展现戍边战士的艰苦生活环境和一心守住国土、守住国界线的信念。

主题班会课通过观看时事政治视频，既开阔学生的视野，也引导学生关注时事、关注国情，对培养学生家国情怀和社会责任感起着积极作用。

二、参与游戏，切身体验

游戏活动是激发学生兴趣的有效途径。在体验式班会课上，根据主题需要，选取合理、有效的游戏，不仅能提高学生参加的热情，也能让学生从中获得深刻的心灵感悟，更好地完成教育目标。

后疫情时代，不能只做“两耳不闻窗外事”的学生，除了要及时了解疫情及防控信息，学会做好个人防护之外，更应该懂得多承担一份责任。开展“迈向青春，责任随行”体验式主题班会时，为了使学生切身体会责任的重要性，可以设计游戏体验“板凳多米诺”：请8位同学自我推荐参加游戏，坐在8张椅子上，围成一个圈后，一个接着一个地躺在后一位同学的身上；再请其他同学协助把椅子抽走；这8位同学能坚持住至少10秒钟，则挑战成功。这一活动设计，不管是参与者还是观察者都表现出极高的热情，充分调动了学生参与班会的积极性。在分享感受时，学生在交流中认识到游戏的成功是建立在每一个成员都成功的基础上，进而意识到个人、集体与社会息息相关，自觉增强了责任感。

在主题班会课上，通过可行、有效的游戏环节，为学生营造宽松的氛围，让他们去尝试、去实践、去感受。有了亲身的体验与观察，学生有感而发，自然有话可说。在师生、生生的对话交流中，学生将主动获取的情感体验内化为自我道德方面的要求，对培养责任意识起到积极的教育意义。

三、模拟情境，辨明事理

根据学生的心理特点，体验活动中通过一段直观、形象、生动的表演来呈现生活情境，学生会因为角色就是自己或自己班级的同学来扮演而产生亲切感和兴趣，很自然地进入情境中，从而得到感受和体验。

进入后疫情时代，作为教育工作者需进一步增强培养学生责任与担当的意识，引导学生认知自身的责任，通过培养家庭责任感带动社会责任感。在“迈向青春，责任随行”体验式主题班会上，教师安排了两个贴近学生生活实际的情景剧：一是晚饭后，妈妈要到单位加班，于是请小华帮忙洗碗，小华以要完成作业为由几番推托；二是爸爸妈妈要出差，周末请小军去看望奶奶，小军因与同学约好打球而拒绝了。因为是学生自主参与的活动，经过提前排练，在课堂上表演时立即就吸引其他同学进入情境，引发了对话题的积极讨论。学生在自由辨析的过程中，通过思维碰撞，既能明白今后该如何面对这些两难的问题，也能利用同伴教育，内化认知，增强学生的家庭责任意识，达到良好的教育效果。

教师要多关注学生实际生活中存在的问题，让学生通过模拟在课堂上去呈现、发现问题；在寻求最佳策略的互动环节中多关注一些现场生成的内容，灵活处理、因势利导、适时点拨，真正起到帮助学生重新评价自己的思想、行为的作用，让学生树立正确的人生观和价值观。

四、调查问卷，引发思考

调查问卷不仅可以在班会课前完成，帮助班主任有针对性地设计活动主题，也可以直接作为班会课的一个活动环节展开，让主题班会课取得更好的教育效果。

后疫情时代中，我们除了要教给学生知识，还需要增强教育的敏感性，学会将生活素材变成思政课的鲜活教材。尤其是通过疫情期间发生的事情，开展感恩教育，引导学生对家庭、学校和社会产生感恩之心。在“感恩父母，回报真情”的主题班会课上，教师设计主题为“爱的差距”的问卷调查，将父母和学生对对方的了解、付出进行对比，以此引发学生的思考。在调查学生对父母的了解时，每展示一个问题，如，你知道父母的生日是什么时候吗？你知道母亲最喜欢什么颜色？你知道父亲最喜欢什么运动？就请知道答案的学生举手。问题展示完毕后，请两三位同学在黑板上写出答案，再通过现场连线家长来验证他们的答案。电话接通后，设置免提，全班一起验证同学对自己父母的了解有多少，既把班会课堂推向高潮，也通过展示真实的调查让不少学生进行自我反思，意识到自己做的远不及父母为自己做的那么多，进而学会感恩父母、承担家庭责任。

调查问卷设计得好且学生能认真、实事求是地完成，就能直接地反映班级的真实情况。课堂上展示的相关数据来自学生，容易引起学生的高度重视，在数据与自己对照的过程中，对学生的触动也会较大，这时引导学生进行自我剖析、深入思考，更便于提升学生思想，收到教育实效。

总之，体验式主题班会的体验活动不是一个个割裂且零碎的散点，也不是几个随机或应急设计的活动。在后疫情时代下，上好一节主题班会课，应根据学生成长和主题目标的需要，设计前有准备、后有延续的系列活动，换取学生的真情实感，点燃学生的情感火花，在师生、生生灵魂交汇碰撞中让学生明白道理、提高觉悟。

悦心体验　启智涵德

——浅论中学体验式主题班会课的构建

潮州市枫溪区崇礼中学　蔡碧佳

主题班会是班主任教育学生和发展班级文化建设的德育阵地，然而传统班会课充斥着枯燥的说教，学生常处于被动聆听的状态，教育效果欠佳。探索生动活泼、符合学生身心发展规律的班会形式势在必行。在此背景下，体验式主题班会课应运而生，它是依据学生身心发展特点、成长规律和班级建设的需要，在团体动力推动下，通过绘画、音乐、具象、此时此地技术等体验式心理教育技术，围绕教育主题而开展的班会活动。在实际操作中，该如何开展中学体验式主题班会课，我认为可以按照“选主题—定环节—拟活动—明启迪”这样的思路来构建。

一、巧选主题，贴近生活

主题是一节班会课的灵魂，各个教学环节紧紧围绕它来开展。高效的体验式班会课，主题要尽可能贴近生活，要为解决班级管理和学生成长中的问题服务。

教师若拥有一双“慧眼”，善于发现班级里的人、事、情，需要时便可顺手拈来，淬炼成有教育价值又接地气的班会主题。比如我设计的一节体验式班会，主题便是根据本班的实际情况来确定的。901 班是个重组班级，开学两个多月以来，许多同学喜欢与之前同班的同学抱团活动，排斥认识新同学，同学间的合作能力较弱，集体荣誉感较差。因此，我将主题定为“团结你我，砥砺奋进”，在分组时有意分散原本的小团体，并通过一系列的体验活动，让学生增进友谊，学会团结合作。

二、流程明晰，环环相扣

确定了班会主题，就要围绕它合理地安排课堂的每一个环节，做到流程明晰，环环相扣。事实证明，一个多维联动的班会设计，能够很好地焕发课堂活力。我们可以按照知、情、意、行的层次逻辑来构建，如钟丽芳老师的“迈向青春，责任相随”一课，几个环节之间条理清晰，推进有序，遵循认知规律，符合教育原理。

知——道德认识，感知：游戏导入，知责任（游戏体验）；

情——道德情感，明理：解读角色，明责任（思维体验）；

意——道德意志，意愿：模拟情境，辨责任（情境体验）；

行——道德行为，导行：畅谈青春，担责任（行动体验）。

知、情、意、行的设计流程，能够由表及里、由浅入深地对责任进行深度解析，助力学生知行合一，勇于承担自己的责任。

三、活动多元，悦心体验

在体验式主题班会课中，游戏、辩论、情景剧、竞赛、实验等，均是很好的活动形式，班主任应具备“量体裁衣”的智慧，切忌为了有趣而盲目增设活动，以致喧宾夺主，一切要以服务教学目标为宗旨。

如“青春，让梦想飞翔”一课，由我们工作室的3位教师进行同课异构，各彰其美。佘万钿老师以“‘纸’想告诉你”串起课堂，独具匠心地设计了以“A4纸的梦想挑战”为主题的一系列体验游戏，撕不烂的纸、浸不湿的纸、不怕烧的纸，让每个学生动手实践，学会突破极限，勇敢追梦。刘顺勇老师则将化学实验“复燃的木条”搬进课堂，巧妙设喻。氧气是梦想，能使黯淡的青春复燃，学生动手实操，悦心体验，感悟到通往成功的路上，梦想必不可少。李世龙老师面向高三学子，引入了“世界咖啡”会谈活动，就“怎么做才能达成自己的梦想”这一话题进行热议，博采他人之长为自身所用，现场掌声不断，青春的灵魂、思维的火花于此间碰撞融合，使学生学会更高效、更快乐地追逐梦想。正所谓“教无定法”，3位教师根据各自的需要选择了不同的体验活动，但殊途同归，均服务于同一主题，并使学生悦心体验、增智明理。

四、启迪智慧，涵养品德

优秀的体验式主题班会课，趣味性是它的外衣，启迪性才是它的内核。它将心理学与班会课有机结合起来，以学生为主体，通过游戏、情景剧等活动，让每个学生主动参与，启迪智慧，涵养品德。

在李枫老师执教的“迈向青春，责任随行”一课中，五个体验活动缀起整节班会课，从抗疫视频和多米诺骨牌中知责，从体验游戏“板凳多米诺”中悟责，从家庭情景剧中学会反思进而担责，从制定责任行动指南中议责践责。由游戏、情景剧等动态活动到书写责任规划这种静态体验，课堂也从热闹外放转向自察内视。教师像剥洋葱般层层深入，不满足于停留在表面的热闹和有趣，而是充分挖掘活动背后的深刻内涵，引导学生主动分享感悟，同时注重捕捉现场生成性的东西。通过各种体验活动，学生认识到责任的重要性，树立起正确的责任意识，学会脚踏实地履行自己的责任，既启迪了智慧，又涵养了品德，很好地落实了本课的教育目标。

体验式主题班会课对于学生的健康成长起着积极的作用，是落实立德树人德育目标的有效形式，也是顺应教育改革要求的必然趋势。中学体验式主题班会课的探索之路任重而道远，依旧需要吾辈努力探索，开拓创新。

体验、触动、感悟、提升

——基于核心素养的初中体验式主题班会课探索与实践研究

潮州市枫溪区枫溪中学　佘万钿

主题班会课是班主任工作的一项重要内容，是学校德育工作的重要阵地。在实施素质教育中，主题班会课对一个班级的班风、学风、学生的精神面貌都有极大的促进作用。传统的班会课经常忽视学生的主体作用，德育效果并不理想。本研究从中学核心素养的实践出发，通过实例研究，就新形势下如何通过改革主题班会课，利用体验式主题班会课将学生作为德育课堂的主体，加强学生的自我体验，令学生心灵得到触动，产生自我感悟，进而提升自身核心素养进行探索。

一、 传统初中班会课的问题与对策

1．班会课被占用

在很多初中学校，班主任会将班会课视为传达学校任务、对班级问题进行批评教育的平台。也有因学校教学进度的影响，班会课变成语文课、数学课、英语课，甚至是体育课的情况，使得德育工作并不能得到很好的落实。

2．班会课形式单一，学生参与度不高

很多班主任在开展班会课时，多是以说教或批判式教育为主，完全忽略学生的主体性，甚至出现教师在讲台上讲，学生在下面偷偷摸摸做作业的情况。有时候开展主题班会，唱歌、跳舞、话剧表演，整场下来似乎热热闹

闹，但其实只有个别人忙碌，多数人只是看客。

3. 班会课效果不理想

无论是教师的说教抑或是个别同学的秀场，班会课的德育效果都未必能达到班主任预期的效果。甚至很多时候只是走个过场，学生过后就忘了。

因此，探索更加有效的班会形式成为新形势下班主任的重要课题。正如《荀子·儒效》中所提到的“不闻不若闻之，闻之不若见之，见之不若知之，知之不若行之。学至于行之而止矣”。很多学生都深刻地感受到“告诉我，我会忘记；做给我看，我会记住；让我参加，我就会完全理解”。班会是学校集体活动中最主要的组织活动之一，是学校德育教育的一个重要内容和途径，也是班主任或班委会对班级进行有效管理的重要形式。以往的主题班会更多地关注学生的理性认识，而忽视了主题班会带来的情感体验。在新形势下，探索生动活泼、符合学生身心发展需要的班会形式势在必行。而我们通过实践与探究，发现体验式主题班会在目前的教育改革中，是一种比传统班会课更加有效的德育途径。

二、体验式主题班会课的定义

体验式主题班会课，是指以主题班会课为载体，以促进班集体建设和学生健康成长为目标，用团体心理辅导、游戏、情景剧等活动方式，根据学生的心理特点和认知规律，依据教育学、心理学理论，运用相关的心理学技术，创设切合主题的体验情境与活动，有目的、有计划地引导学生在充分参与的活动中获得亲身体验，进而感悟反思、交流分享，共同提升道德认知、升华道德情感、锤炼意志品质的一种班会形式。

三、体验式主题班会课的理论依据

体验式主题班会的理论依据是行为科学学派代表人之一的库尔特·勒温在1944年提出的团体力学理论。团体力学就是通过对团体现象的动态分析，研究团体中单个成员心理及行为和他单独一个人时相比的差异的理论。

通过团体对其成员行为改变的影响做系统研究发现，团体决定比单独做出的决定对团体中的个人有更持久的影响。如果首先使个体所属的社会团体发生相应的变化，然后通过团体来改变个体的行为，这样做的效果远比直接去改变一个个具体的个体更好。反过来，只要团体的价值不发生变化，个体就会更强烈地抵制外来的变化，个体的行为就不容易发生变化。

因此，体验式主题班会最主要就是通过各种能够调动学生积极性的体验式活动让所有学生主动参与，在活动中让整个班级形成团体的场，从而让整个动力场去推动整个班级的行为，进而影响团体中的个人的行为。

四、 体验式主题班会课的优势

教育的最高境界就是让学生在不知不觉中受到教育，体验式班会无疑是非常好的一种教育形式，它将心理学与班会有机结合起来，把学生作为主体，通过游戏等体验活动，让每个学生亲自体验、互动分享，而只有让学生亲身体验才能真正有所触动、有所感悟、有所提升。体验式主题班会注重班会开展的过程，通过体验式活动激发学生的学习积极性，从而调动学生参与的主动性，并在参与、体验、交流和分享中实现自我的成长，它是一种由内至外的自我教育。这种以“游戏”“活动”“情境”等形式为中介，将被辅导者的内心世界投射出来并进行辅导的方法，能让学生们在各种体验中主宰自我、修正自己，在与人交往中、在日常行为中去体验、去感悟、去构建社会与时代所希望他们拥有的爱国情怀、民族精神、集体意识。

这类班会没有传统班会课中枯燥的说教、听厌了的大道理，而是激发学生自我省悟、主动改变和自我教育；它不再是一人或几人在台上表演，绝大多数人只能当观众，而是每个学生都是课堂的主体，每个学生都是参与者；它也不是一言堂，而是通过营造宽松、启发式的课堂氛围，让全体学生针对某一问题去讨论，积极思考，畅所欲言，激发出思想火花，在多种价值观、人生观的交织和冲击中为解决问题提供多角度的分析与方法，为观察他人观念及情感反应提供了机会。

体验式主题班会因其具有体验性、生成性和开放性特点，相较于传统班会课，体验式主题班会能够更及时地引导学生把做人做事的基本道理内化为健康的心理品格，转化为良好的行为习惯。

五、 体验式主题班会课的实施与效果

在体验式主题班会的实践过程当中，我们按照主题班会课的四大主题：规则与生命、团结与合作、青春与责任、梦想与励志，进行“同课异构”的教学设计。下面以“青春，让梦想飞翔——‘纸’想告诉你”主题班会课

为例（见实践编），谈一谈体验式主题班会课的实施与效果。

1. 班会课的选题

根据开课班级学生即将迎接地理生物中考与紧张的初三生活的实际情况，我们确定了“激励学生内驱力，勇敢追梦”的主题，以期激发学生学习的积极性、主动性，让学生增强自信的同时脚踏实地不懈努力，向更高的目标奋进。

2. 班会课的设计

以“中国梦”引入主题，通过一张 A4 纸拟人化的梦想设计了多个体验活动，以期让每一个学生都能通过参加这几个简单的且可以复现的体验活动，去反思与感悟，从而提高自身的核心素养。我们通过实际开展活动发现，这种从简单的容易上手的活动中得到的体验，会让学生印象更加深刻。

3. 班会课的准备

体验式主题班会与传统主题班会一个很大的不同就体现在班会课的准备上。以往准备一节主题班会需要选主持人、选节目、选演员等一系列的课前准备，很多学生反馈说比较费时费力。而现在这个主题班会学生课前准备基本时间成本为零，只是需要教师提前做好活动物品的准备、课件的制作和必要的视频剪辑工作，如“中国梦”视频的剪辑，几个活动规则或演示视频的剪辑，还有必要的信息化技术如课堂活动实时投屏的掌握。

4. 班会课的开展

班会课实际开展的过程，就是学生参与活动体验与反思感悟的过程。比如第一个活动“撕不烂的纸”，学生通过讨论与尝试，能够发现通过简单地将纸多次折叠后就能达到活动目标，进而就能反思到简单重复的作用。而教师在学生发言分享感悟后，通过适时引导，将学生的发言深化为理论化，提出“馒头理论”，令学生印象更加深刻。而最后一个“搭纸桥”的活动，在学生们做完自己的体验并分享感悟后，教师通过简单地折叠一张 A4 纸后支撑起一整箱矿泉水的现场演示，更是将班会课推向高潮。

通过对这节课进行反思，我们发现，体验式主题班会课的开展需要切实做到两方面：一方面，要切实发挥学生的主体地位作用，要尽最大的可能让每个学生都参与到活动中，尽量避免出现少数人在动在忙、多数人成为“看客”的传统班会课模式；另一方面，每一个体验活动后，都要让学生静下来反思并分享交流感悟，让学生在分享交流的互动过程中有所触动和感悟，情感得到升华，实现共同进步、共同成长。所以课堂上的“动”“静”结合是确保体验式主题班会德育效果的保证。

5. 班会课的延伸

体验式主题班会课的课堂效果有目共睹，但是课后延伸却是德育效果进一步深化的保证。所以在班会课后，我们都会通过要求学生填写表格清单，写课后反思感悟，然后张贴在教室黑板上或发表在公众号、班级群的方式，令班会课的效果得以延伸。

6. 班会课的效果

通过课后学生撰写的反思感悟和表格清单，还有实际行动的表现可以看出，体验式主题班会课的德育效果要比传统主题班会课更加明显与持久。很多学生不仅仅只是将感悟写出来，也很明显地将自己的所思所想落实到实际的学习生活中，甚至过了一个学年，有不少学生还对一些体验活动印象深刻，言谈间也流露出所得感悟对其行为与思想的影响。

六、结语

目前我们已经对体验式主题班会活动进行了诸多尝试，已经取得的积极效果足以说明，在活动中进行体验是主题班会的一种有效形式，也是培养学生知、情、意、行有机统一的有效手段。当然，要成功地实施这种体验式教育主题班会，对教师的要求非常高，它需要教师转变教育教学理念，包括教师角色意识的转变和学生观的转变，还要求教师们掌握一定的心理学知识。不管怎样，体验式班会活动对于学生的健康成长有着重要的积极作用，推进体验式班会活动的开展是顺应教育改革要求的必然趋势。体验式主题班会的最终目的，是走进学生的心里，启迪学生的心灵，让学生产生思想和情感上的共鸣，并把思想认识的提高转化为实际行动，真正使学生成为道德的自我建构者，从而实现从他律到自律的实质性转变，进一步提升学生的核心素养。

七、参考文献

[1] 刘阿妮. 核心素养下初中德育主题班会的开展研究 [J]. 课程教育研究，2020 (5)：209.

[2] 王倩. 在体验中成长：初中体验式德育主题班会课的实效性探究 [J].

新课程（下），2019（8）：236.

［3］罗惠兰. 基于核心素养下的体验式主题班会初探：以“学会宽容　善待他人”课题为例［J］. 新课程（中学），2019（6）：216－217.

［4］曾雪芳. 在体验中成长：开展农村中学活动体验型主题班会之我见［J］. 课程教育研究，2015（19）：174－175.

［5］晏岸英. 农村中学体验式主题班会教学模式的研究［J］. 启迪，2020（4）：72－73.

实践编

本编精选案例中的作者都是中学一线优秀班主任，教师们从主题班会课的四大主题（规则与生命、团结与合作、青春与责任、梦想与励志）中选择其中一个主题，针对同一主题确定相同的主题班会课题目，通过“同课异构”的形式，“同中求异，异中求同”，以达到和而不同，各显其美。每个课在上课之前，工作室都会召开例会，集体帮助开课教师磨课。经过一次又一次的修改，最后才形成定稿。上课后，工作室的教师们又会根据课堂上学生的反应情况提出修改意见，开课教师再次进行修改。这有别于课前的教案，一个教案如果没有经过课堂的检验，终究只是纸上谈兵，而上过的课可以给我们更多的思考和启迪。

本编所选案例均是课堂实录，整节课的呈现详细清晰，并且后面附有二维码，扫码即可获得该课课件；最后还附有教学反思和建议、听课教师点评，这样能让读者更深刻、多角度理解主题内容和设计意图。

心存规则，敬畏生命

——以规则书写青春使命，用敬畏承担生命责任

潮州市枫溪区云步中学　黄雪娟

教育背景

刚踏入初中校园的学生，对生命的认识和理解比较局限，他们的生命价值观还处于模糊状态，还需进一步澄清和明确。规则，是生命安全的需要，是生活幸福的需要。但在日常生活中，有一部分学生以自我为中心，不喜欢受到规则的约束，规则意识淡薄。鉴于此情况，希望能通过"规则与生命"主题班会，帮助学生建立起积极的生命价值观，树立良好的规则意识，珍惜生命、敬畏生命，进而理解生命的价值，陶冶健全人格。

教育目标

1. 认识目标

正确认识规则的重要性以及生命的价值，明确规则是生命的约束、生命的保护。

2. 情感目标

激发学生对生命相关问题的思考，认识并澄清自己的生命价值观，敬畏生命。

3. 行为目标

引导学生树立良好的规则意识，学会为自己的行为负责，为自己的生命负责。

课前准备

（1）将学生分成6个小组，每组7人左右。

（2）“电磁迷宫”玩具6个。

（3）全开纸1张、马克笔若干、黑板小磁贴若干。

教育过程

一、引入

师：尊敬的各位领导、老师，亲爱的同学们，大家下午好！欢迎来到我们的主题班会现场，今天我们班会的主题是“心存规则，敬畏生命”。同学们，我们一起来看看下面两句名言的含义：

不以规矩，不能成方圆。——《孟子》

人之所畏，不可不畏。——《道德经》

师：“不以规矩，不能成方圆”，意思是形容无规矩，就不会有规整的方圆；“人之所畏，不可不畏”，意思是大家都畏惧的，我也不能不有所畏惧。第一句强调要遵守规则，第二句强调要有敬畏之心。在日常生活当中，我们要遵守哪些规则呢？

生：要遵守班规、校规、《中小学生守则》等。

师：大家再想想，还有哪些规则？

生：道路交通安全法、未成年人保护法等。

师：规则，是社会群体、团队制定出来的规章制度。如班规、校规、《中小学生守则》等，是规则。道德、行业纪律、国家法律法规，也是规则。敬畏，是既敬重又惧怕。一个人只有心存敬畏，才会三思而后行，行有所循，行有所止。

二、热身游戏体验：遵守规则我获胜

师：在我们的生活中，我们要遵守许多规则，同时也必须承担许多责任，违反了规则可能要承担发生意外的危险，甚至是生命的危险……下面，我们来体验一个游戏。

活动一：走迷宫游戏

（出示活动规则）

（1）循线前行，金属手柄不能碰到金属迷宫，先走出迷宫者获胜。

（2）每组各发“电磁迷宫”玩具1个，各组成员轮流体验“走迷宫游戏”。

（3）每组派一名代表参加全班竞赛。

（4）最先通关者获胜。

师：同学们，现在开始体验游戏。

（教师边巡视边投影学生活动的场景，见图1）

图1

师：大家注意遵守游戏规则。

（教师继续巡视，重点关注每组成员顺利通关情况）

师：每组派一名代表来参加全班竞赛。

（很快，有两位同学顺利通关）

师：恭喜两位同学获胜。

（同学们热烈鼓掌）

师：同学们，体验了游戏之后，有什么感受？

生：要遵守规则才能获胜。

师：请两位成功通关的同学来谈谈经验。

生1：要专注，不能碰到金属迷宫，即要遵守规则。

生2：要珍惜游戏的机会，就像人的生命一样，只有一次。

（同学们笑，再次热烈鼓掌）

师：每个人都只有一次游戏机会，人的生命也只有一次。循线前行，正像守规则一样，我们必须遵守规则，才能够顺利走到最后。

（设计意图：让学生在游戏中体验，初步感知规则与生命的关系）

三、心存规则，珍惜生命

师：我们非常爱惜自己的生命，但生活中总有许多令人遗憾和惋惜的事情发生。在电视新闻中，会看到由于某些人不遵守规则而酿成了悲剧。

活动二：观看视频

（首先播放北京八达岭野生动物园老虎伤人案视频）

师：观看了视频之后，你有何感受？

生：赵女士不应该在老虎区违规下车，她付出了代价。

师：不遵守规则，可能会危及生命。

（继续播放万州公交车坠江事件视频）

师：观看了这个视频之后，你又有何感受？

生：一定要遵守规则，珍惜生命。

生：有时候不遵守规则，不仅会危及自己的生命，还会危及他人的生命。（同学们激动地讨论着）

师：无视规则而付出惨痛代价的事件令人痛心，我们要遵守规则，珍爱生命。

（设计意图：让学生认识到不遵守规则，不仅会危及自身生命，还会危及他人生命）

活动三：事例分享

师：汶川地震发生时，桑枣中学2 300多名学生、上百名教师安全撤离。四川安县桑枣中学是一所普通的乡村初中，由于校舍质量不高，学校一直不停地维修加固，同时每年在全校组织两次紧急疏散的演习。这个演习事先不告诉具体的日期和时间。每个班的疏散路线都是固定的，两个班疏散时合用一个楼梯，每班必须排成单行。每个班级疏散到操场上的位置也是固定的，每次各班级都站在自己的地方，不会错。平时训练有素，所以汶川地震发生后，桑枣中学的全体师生安然无恙！

（出示图片，见图2）

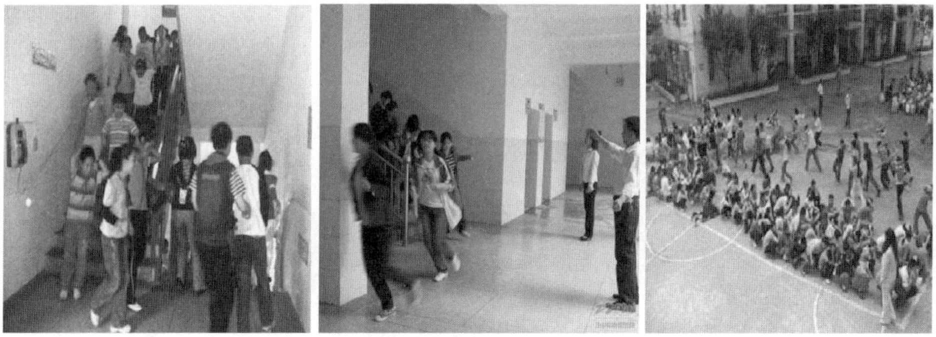

图2

师：这个事例和上面两个视频中的事例形成鲜明的对比，大家看后有何感想？讨论一下，一会儿请同学来交流。

（出示问题）

生1：遵守规则，才能减少意外的发生；不遵守规则，就有可能会危害生命。

生2：规则是生命的保护盾！

师：对比鲜明的事例告诉我们：漠视规则，危害生命；遵守规则，保护生命。

（设计意图：用真实的事例引发学生的思考，以期树立良好的规则意识与责任意识）

四、心存规则，敬畏生命

师：那么，当规则和生命发生冲突的时候，我们该怎么办？也许今天的选择是很残酷的，但我还是想请大家来讨论，并表明自己的观点。

活动四：两难辨析——你希望火车往哪个方向开？

（1）呈现铁轨画面，同时教师讲述设置的情境——你希望火车往哪个方向开？（见图 3）

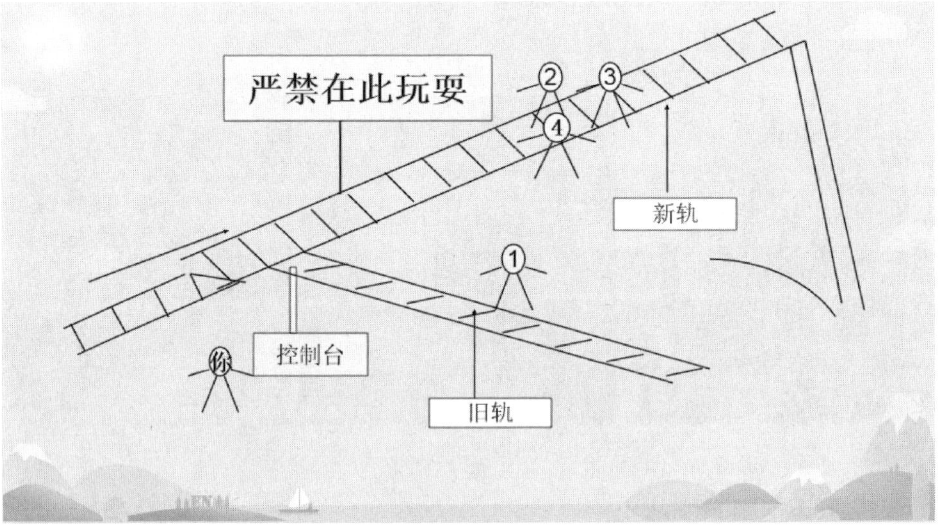

图 3

师：有一条火车轨道，由于道路改道，原来的铁轨不用了，新的路轨建好并通车了。在新修建的路旁，竖了一块牌子，上面写道："严禁在此玩耍"。有几个学生放学后来到了这里，有一个学生看到牌子的警告语后，他就跑到了原来的轨道上去玩，而其他三个学生虽然看到那块牌子，但他们不理会，仍旧跑到新修建的轨道上去玩。这时突然一辆火车疾驰而来，速度太快，学生们已来不及从轨道上离开。假定这两个岔道口中间有个控制装置，可以决定火车往哪个方向开，既可以沿着新的轨道也可以沿着原来的轨道开。

师：请同学们看屏幕上的几个问题。

（在体验中思考）

①假设你是控制员，你将让火车往哪个方向开？是原来的轨道还是新的轨道？为什么？

②假设你是上面那三个在新轨道上玩耍的学生之一，你希望火车往哪个方向开？为什么？

③假设你是上面那个在旧轨道上玩耍的学生，你希望火车往哪个方向开？为什么？

④在三种情形下，火车开往的方向是否一致？

⑤在三种情形下，你所遵循的原则是否一致？

（2）小组讨论、交流。

师：每个同学先思考一下，在纸上简单写出自己的选择与想法，然后小组进行讨论、交流。

（教师巡视，关注每组成员讨论情况）

（3）每个小组派代表进行全班交流，教师点评。

（六个小组的代表分别称呼为生甲、生乙、生丙、生丁、生戊、生己，小组代表进行全班交流，见图4）

生甲：如果我是控制员，我会让火车沿着新的轨道走。因为我觉得三个在新轨道上玩耍的学生不遵守规则，所以应该受到惩罚，他们应该为自己的行为负责。

师：你的观点是人应该遵守规则，应该为自己的行为负责，那三个不遵守规则的学生应该为他们的行为付出代价。那么，如果你是那三个在新轨道上玩耍的学生之一，你希望控制员把火车开向哪个方向？为什么？

（生甲沉默）

图4

师：（投向生甲鼓励的眼神）没关系，说出你此刻心里真实的想法就可以了。

生甲：（犹豫）我希望控制员把火车开向原来的那条旧轨道上去。因为我不希望自己死。

师：从本能的角度来说，每个人在这种情况下都不希望自己死。但根据你刚才说的，你觉得自己所遵循的原则是否一致？

生甲：（有点难为情）不一致，我觉得自己是挺“双标”的。也许当局者迷，旁观者清，真正涉及自身利益时，就没那么淡定了。

（全班大笑）

师：所以在日常生活中，其他同学也需要注意避免自己在处理问题时采用双重标准，这样同学间的许多矛盾和问题就可以迎刃而解了。

生乙：我反对甲的观点，我觉得生命是最重要的，我希望控制员把火车开向原来的那条旧轨道上去。虽然在新轨道上玩耍的同学违反了规则，但用一条生命换取三条生命，代价要小得多。再说规则是为生命服务的，没有生命，规则又有什么意义呢？

生丙：我支持乙的观点，如果我是控制员，我会让火车沿着原来那条旧的轨道走。沿新轨道会损失三条生命，而沿旧轨道走只损失一条生命，这样就能将损失降到最低限度。

师：你的观点认为生命是最重要的，在这种情况下，生命受到的损失应该最小为好。那如果你是那个在旧轨道上玩耍的学生，你希望火车往哪个方向开？

生丙：（神色自若，振振有词）说实话，我内心当然是希望火车往新的轨道上开，我也不想死啊。但如果现实中真遇到这种情形时，我会选择让火车向旧轨道上开，我愿意用我一个人的生命换取三个人的生命，即使他们违反了规则。

师：你很高尚，很善良，太让我们感动了！

生丁：我很敬佩同学丙舍己为人的高尚情操，但我不赞同学丙的观点，我也不会像同学甲那样做。不论我是控制员还是在新轨道上玩耍的同学，我都坚持火车应该沿着新的轨道开，因为我觉得自己做错了事，就应该承担相应的责任。

生戊：（有点激动）我不赞同学乙的观点，违反了规则就应该受到惩罚。

如果让火车开向旧的轨道，虽然损失的只有一条生命，但对于那个无辜的学生来说，他没有违反规则，却受到惩罚，这非常不公平。

生己：（情绪激动）对，我支持同学戊的观点。如果以三条生命的价值大于一条生命的价值作为借口，让火车开向旧的轨道，那太不公平了。而且，这样做实际是鼓励了犯错误的少数人，会导致更多的人违反规则，造成社会混乱。前面万州公交车坠江事件视频中的司机冉某，与女乘客刘某平互殴，他不遵守交通安全法，损失的是十多条人命，违反规则的代价太大了。

师：同学们的讨论交流很深刻，也很精彩。大家的观点可以分为两类。一是生命是最重要的，在这种情况下，生命受到的损失应该最小为好。二是人应该遵守规则，应该为自己的行为负责，那三个不遵守规则的学生应该为他们的行为付出代价。

（4）教师陈述自己的观点：火车应沿新的轨道行驶。

师：在我们上面假定的特殊的场合和时刻，生命和规则之间进行了残酷的较量。善良的愿望并不能替代生活中的真实，我很赞同丁、戊、己同学的观点，火车应沿新的轨道行驶。

每个人都应该树立良好的规则意识与责任意识，要敢于为自己的行为负责，那些不遵守规则的人应该为自己的行为付出代价。若火车驶向一个人的轨道上去，让没有违反规则的人去为违反规则的人付出代价，显得十分不公平，同时也不利于其他人规则意识和责任感的培养。规则被破坏后，会导致更大的混乱，生命的安全可能更加无法得到保障。

对某个个体而言，生命是最重要的，但对于社会而言，规则比生命更重要。我们每个人都应该为自己的行为和生命负责，都应该遵守学校和社会的各种规章制度，养成良好的规则意识。

（设计意图：通过设置两难选择情境引发学生的思考，进一步强化规则意识、责任意识，同时帮助学生认识并澄清自己的生命价值观，学会为自己的行为负责，珍爱生命）

五、心存规则，守护生命

师：通过上面的体验活动，我们已经明白了遵守规则的重要性，那么，在生活中，你是个遵守规则的人吗？有没有可以检讨、反思和改善的地方呢？

活动五：直击现实，思考辨析

师：请同学们看屏幕上的问题。

（出示问题）

（1）在日常生活中我们经常会遇到哪些因不遵守规则而危及生命的行为？

生：酒后驾车、乱闯红灯、因口角打架甚至拿出刀子、觉得好玩破坏公共设施等。

（出示问题）

（2）在日常生活中，对于一些不直接危及生命的规则，我们有没有严格遵守呢？不直接危及生命的规则是不是可以随便对待？

生：有同学经常迟到、早退，有同学带手机到学校，等等。

师：勿以恶小而为之。

活动六：制定《遵守规则，行己有耻》班级公约

（1）解释出自《论语·子路》的“行己有耻”的含义。

师：行己有耻，这个成语出自《论语·子路》，意思是自己做事情时要有知耻之心。我们要树立底线意识，知廉耻，懂荣辱。有所为，有所不为。

（2）分组讨论。

师：接下来我们来制定《遵守规则，行己有耻》班级公约，先分组讨论，每组负责一个主题，讨论完毕，每组派代表到讲台上来书写公约海报。

（出示各组负责主题）

第一组：考勤。

第二组：纪律。

第三组：作业。

第四组：卫生。

第五组：礼仪。

第六组：体育锻炼。

（教师巡视，关注各组完成情况）

（3）制定《遵守规则，行己有耻》班级公约。

师：现在请各组派代表到讲台上面书写公约海报。

（教师把课前准备好的一张全开纸平铺在讲台上，并拿出马克笔。各组代表纷纷上台书写，教师投影学生活动的场景，见图5）

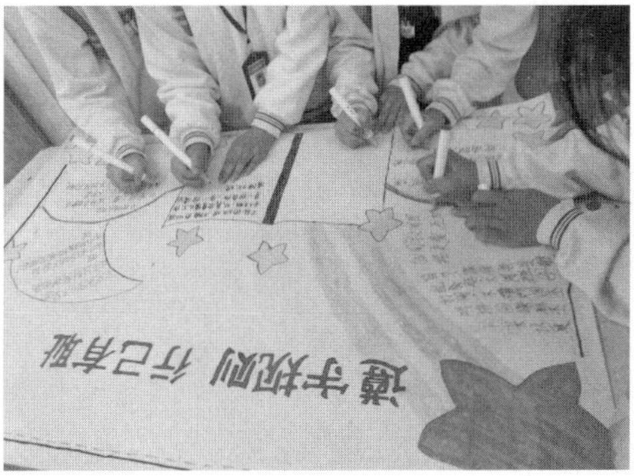

图5

师：大家一起来看看几位代表齐心协力完成的杰作。

（在黑板上展示公约海报，全班鼓掌）

师：完成得很棒！大家共同努力，遵守规则，一定能构建和谐、高效的课堂，一定能推动班级进步，最终使我们每个人健康成长，不负青春年华。

（设计意图：号召同学们行动起来，从自身做起，遵守规则、敬畏规则，守护生命安全）

六、心存规则，绽放生命

师：规则是生命的约束，也是生命的保护。我们每个人都不可能独立于这个社会之外，我们肯定会受到各种社会制度、社会规则的制约。我们只有心存规则，勇担使命，踔厉奋斗，笃行不怠，才能为青春书写最美华章，让生命之花绚丽绽放！

我们今天的主题班会到此结束，感谢大家！

教学反思与建议

“规则”“生命”都是主题班会中的常见话题，但要把两者结合起来，把体验活动做深做透，阐明“规则与生命”的关系，可以借鉴的资料不多，有一定难度。刚踏入初中校园的七年级学生，对生命的认识和理解有局限性，他们的生命价值观还处于模糊状态，规则意识淡薄，鉴于此情况，开设本节主题班会课。本节课旨在引导学生培养自己良好的规则意识，心存规则，敬畏生命。

1. 营造氛围，人人参与

我引用名言警句导入，接着设计了热身小游戏——走迷宫，知识性与趣味性相结合，营造和谐有趣的课堂氛围，调动学生主观能动性，让学生全员参与，初步感知规则与生命的关系。

2. 程序清晰，环环相扣

在热身游戏体验之后，围绕本节课主题展开“心存规则，珍惜生命—心存规则，敬畏生命—心存规则，守护生命—心存规则，绽放生命”四个环节，层层推进，不断提高学生的思想觉悟，引导学生培养良好的规则意识，树立积极的生命价值观。

3. 两难辨析，直击心灵

我在主导课堂的同时，鼓励学生说出自己真实的想法，尊重学生各自的选择。通过这个活动，彰显学生的价值理念，让学生在生命和规则发生冲突的时候表达自己的价值观念，并加以修正。

4. 活动育人，落到实处

本节课的最后，开展制定班级公约活动，活动育人，唤起学生的责任感，引导学生将规则意识落实到具体行动上，养成良好的行为习惯。小组讨论充分调动了学生们的积极性，学生由此及彼，联系自我，交流感悟，借助同伴的力量再次强化责任意识。

当然，这节班会课也存在着许多不足之处，如：活动过程中，未让学生充分讨论和争论；各环节之间的衔接还不够自然；课堂气氛还不够活跃；由于时间的关系，教育的课外延伸比较局限。

（更多精彩，可扫描下方二维码获取本节班会课件）

教师点评

点评1（枫溪中学　邱少莹）

黄雪娟老师的这节课各个环节、各个活动设计都能紧紧围绕“规则与生命”这个主题层层铺开，主题突出、目标明确、线索清晰。

1. 贴近学生实际，扎实推进

无论是美国著名教育家杜威提出的“教育即生活”，还是我国著名教育家陶行知提出的“生活即教育”，都强调教育应与学生实际生活相联系。在层层引导学生生成“规则是生命的约束、生命的保护”的正确认知之后，黄雪娟老师罗列日常生活中经常遇到的各种不遵守规则的行为，比如因口角打架、破坏公共设施、经常迟到早退、带手机到学校等违规行为，引发学生思考辨析，进而引导学生遵守《中小学生守则》和《中学生日常行为规范》；紧接着，通过分组讨论，师生共同制定《遵守规则，行己有耻》班级公约，让学生从遵守班规班约做起，学会为自己的行为负责，为自己的生命负责。这样的设计贴近学生生活实际，使整节课很好地落地。

2. 利用鲜明对比，效果明显

在“心存规则，珍惜生命”这个环节中，黄雪娟老师播放了北京八达岭野生动物园老虎伤人惨案和万州公交车坠江惨案的视频，让学生明白：无视规则是要付出惨重代价的。接着展示汶川地震时桑枣中学2 300多名师生因为撤离时有规有序，最后无一伤亡的图片，让学生懂得：遵守规则就是保护生命。对比鲜明的事例让遵守规则的重要性不言而喻、一目了然，大大地增强了教育效果。

不足之处是课堂环节众多，教师未能够深入地引导学生谈感受和感想，有浅尝辄止之嫌。

点评2（枫溪中学　佘万钿）

“规则是生命的约束，也是生命的保护”，黄雪娟老师这节主题班会的活动设计就很好地诠释了这一句话。本节课设计的几个活动，都能很好地调动学生参与的积极性，让学生从自主体验中更好地理解规则与生命的关系，令这个大主题能落实到学生学习生活中，取得较好的效果。本节课亮点颇多，下面是使我印象比较深刻的几个：

1. 事例对比，引发思考

通过事例的对比引发学生进行思考，明白漠视规则会危及生命而遵守规则能保护生命。

2. 两难辨析，直击心灵

通过火车往哪开这个问题，让学生设身处地进行思考讨论，对几个直达心灵的问题，学生们都能够做出深刻的思考与反馈。并且教师在提问过程中时不时提出的“灵魂拷问”，也进一步增强了活动效果。

3. 结合现实，落到实处

通过引导学生对违反规则的现象进行讨论，并制定班级公约，能让学生们将规则意识落实到日常行为中，得到实际教育效果。

点评3（阳光实验学校　李枫）

黄雪娟老师的体验式主题班会围绕“规则与生命”这一主题进行设计，通过创设合理的体验活动，引导学生参与体验，进行感悟、交流、分享，进而提升学生的思想认识。

1. 线索清晰，环环紧扣

在热身游戏体验之后，围绕本节课主题展开“心存规则，珍惜生命—心存规则，敬畏生命—心存规则，守护生命—心存规则，绽放生命”四个环节，层层深入地引导学生明白规则的重要以及生命的价值。

2. 内容丰富，形式多样

本节体验式主题班会活动形式丰富，通过做游戏、看视频、讲故事、两难辨析、制定班约等活动，引导学生在活动中体验、感悟、思考规则与生命的关系。来自现实生活的新闻报道《八达岭野生动物园老虎伤人案》和《万州公交车坠江事件》，一目了然，是对“规则与生命”最具有震撼力的教育。随着活动的推进，在“两难辨析——你希望火车往哪个方向开?”这一环节，生生和师生之间都进行了交流互动，学生是分享者，教师是倾听者，经过教师的适时点拨，学生的思想认识水平不断提升，达到预期教育目的。

3. **制定班约，具体有效**

在黄雪娟老师的循循善诱下，学生增强了规则意识，也懂得要珍爱生命，要学会为自己的行为负责任。开展制定班级公约活动，显得水到渠成，学生能积极参与，完善班级公约的过程，也是全体学生明智达理自我教育的过程，有助于让本节班会课真正落到实处。

点评4（古板头中学　刘顺勇）

黄雪娟老师的体验式主题班会课非常成功，课堂上充分地阐述了规则与生命的联系，育人效果突出，是一节成功的体验式主题班会课。具体有以下四个亮点：

1. **课堂引入生动**

开头用名言阐明了“规则”与“敬畏”的含义，为主题的理解做铺垫。接着，学生们分组体验“走迷宫游戏”，激发了学习兴趣并初步感知了遵守规则对生命的重大意义。

2. **警示效果突出**

通过北京八达岭野生动物园老虎伤人案和万州公交车坠江事件的两个视频，从反面告诉学生“漠视规则，危害生命”的道理。接着，通过汶川地震时桑枣中学2 300多名师生安全撤离的事例，从正面告诉学生“遵守规则，保护生命”的道理。通过一反一正的对比，本节课的主题可谓水到渠成，明确告诫大家要遵守规则，爱惜生命。

3. **活动体验深入人心**

通过“两难辨析”进行分组交流与问答，加深了学生的印象，巩固了学生们对本课主旨的认知。让学生明白生命只有一次，我们要养成良好的规则意识，要对自己和他人的生命负责。

4. **生活辨析突出育人宗旨**

从对“不守规则危害生命”的行为到“不守规则但不危害生命”的行为的辨析，提醒了同学们树立“勿以恶小而为之”的意识。最后，班级公约的制定体现了本节课的育人宗旨，是本节课的归宿。

点评5（瓷都中学 李世龙）

黄雪娟老师基于初一的学生对生命的认识和理解还处于较浅层这一问题，精心设计教案，完美组织开展了这节班会课。无论是学生课堂表现还是课后反馈，都可以看出这节班会课德育效果显著。

1. 主线清晰，层层推进，德育效果“水落石出”

整节课基于规则，从珍惜生命—敬畏生命—守护生命—绽放生命，一步步加深学生对规则与生命的关系的理解，引导学生自我构建规则意识，从而学会保护自己和他人的生命。特别是最后的环节——制定《遵守规则，行己有耻》班级公约，让这节班会课的德育功能怦然落地。

2. 利用名人名言有效地帮助学生理解规则的内涵

引经据典，通过对《论语·子路》“行己有耻”的诠释，引导学生理解“心存规则”不仅仅是规章制度、行为标准，更是自己心中的那把“尺”，这一设计彰显了黄雪娟老师扎实的文学功底。

点评6（崇礼中学 蔡碧佳）

针对当前中学生对生命的认识和理解比较局限、部分学生规则意识淡薄的情况，黄雪娟老师设计了“心存规则，敬畏生命”的主题班会，本课有以下几个亮点：

1. 巧选教育素材，事例鲜活有力

不管是北京八达岭野生动物园老虎伤人案还是万州公交车坠江事件，抑或是汶川地震中桑枣中学师生安全撤离一事，都是真实发生且鲜活有力的教育素材，能够很好地震撼学生的心灵，引起他们的思考，使其树立良好的规则意识与责任意识。

2. 流程明晰，环环相扣

本课由古代先贤名言导入课堂，引出主题，接着以形式多样的体验活动串起课堂：走迷宫、案例讨论、两难辨析，使学生树立正确的生命价值观，学会为自己的行为负责，珍爱生命；然后回归现实，提出日常生活中那些因不遵守规则而危及生命的行为，引起学生反思；最后落到实处，分组从不同角度制定班级公约。黄雪娟老师做到每一个环节都是紧承上一环节而来，亦符合知、情、意、行的设计原理。

3. 目的性和实效性并行

本课的活动设计均是服务于教育目标，目的性强，也收到了较好的效果。学生通过动手体验、思考讨论，能够正确认识规则的重要性以及生命的价值，形成自我对生命的思考，树立良好的规则意识，学会对自己的行为负责，为自己的生命负责。

点评7（瓷都实验中学　郑玉霞）

“规则”是个老话题，但要与“生命”结合，确实是不容易。黄雪娟老师的课有以下亮点：

1. 设计逻辑性强

本课首用名言警句引入“规则与敬畏”的含义，当完成“走迷宫”小游戏热身后，再通过5个活动从“心存规则”中找寻珍爱生命、敬畏生命、守护生命、绽放生命的真谛，每一个环节环环相扣，层层剖析，步步推进，紧紧呼应主题“规则与生命”。

2. 教师主导性好

在“两难辨析——你希望火车往哪个方向开?”环节，教师通过师生之间的对话，不断提问，逐步引导学生生成“怎样才能强化心中的规则、责任意识，为自己的行为负责，懂得敬畏生命”的正确导向，让学生真正做到“内化于心、外化于行”。

3. 恰当引用名言警句

黄雪娟老师的语文教师素养也在这次班会课中凸显出来，如：恰当引用名言警句中关于规则、生命的诗句，分析“行己有耻”的含义，与学生深度对话时恰如其分的点评，等等，言简意赅，起到画龙点睛的妙用。

点评8（益盛中学　蔡昭萍）

黄雪娟老师的主题班会课内容丰富，形式多样，程序清晰，环环紧扣，主题鲜明，针对性强，使情感得到了升华。

首先，黄雪娟老师用“不以规矩，不能成方圆”“人之所畏，不可不畏”两句名言作为引入，解释“规则”和“敬畏”的含义，让学生在参与这种情境活动中受到情感的熏陶。

接着，黄雪娟老师引导学生进行热身游戏体验。其中“走迷宫”游戏让学生初步感知规则与生命的关系；观看北京八达岭野生动物园老虎伤人案和万州公交车坠江事件视频，使学生懂得无视规则要付出惨痛代价的道理；在事例分享中，黄雪娟老师用汶川地震时，桑枣中学 2 300 多名师生安全撤离的真实事例引发学生思考，让学生懂得只有遵守规则才能保护自己的生命的道理；通过设置“两难辨析”，帮助学生澄清并认识自己的生命价值观，从而学会为自己的行为负责；设置“直击现实，思考辨析”和制定《遵守规则，行己有耻》班级公约，使规则落实到学生的日常行为中。整节课的活动安排有序，一环紧扣一环，层次性强，情感也得到了不断升华。

本节课，黄雪娟老师充分调动了学生参与课堂的积极性，在每个环节中，同学们积极思考，大胆发言，踊跃参与活动。在黄雪娟老师的用心准备、精心策划下，这节班会课成为一节具有教育性、实效性、针对性的成功体验式主题班会课。

点评9（枫溪中学　钟丽芳）

黄雪娟老师展示的班会课主题鲜明，具有教育性、时代性和创新性，符合新道德教育思想，以下五点值得我们学习借鉴。

（1）主题活动的确定不仅符合学生实际，而且关注到了学生在认识水平、情感态度、心理特征、价值观等方面的差异。

（2）根据学生的生活实际和发展需要，挖掘学生生活中的道德素材，满足学生道德发展需要，让“规则”更易于学生接受。

（3）活动形式新颖多样，切合主题，运作完整。

（4）主题活动设计生动、活泼，符合学生的年龄特征和身心健康发展的需要。师生在情境中参与活动，师生互动、生生互动，在活动过程中得到体验和感悟。课堂气氛活跃，全体学生参与的积极性高，通过活动的开展，班会主题能渗透到学生内心，起到润物细无声的效果。

（5）教师在课堂能够妥善处理活动中生成的问题，评价适时恰当，发现并肯定学生的闪光点，满足学生的发展需要。

学生感言

感言1（郑熙霖）

在这个阳光暖暖的午后，我们亲爱的班主任——黄老师为我们讲授了一场“心存规则，敬畏生命”的主题班会。通过这次主题班会，我对孟子的“不以规矩，不能成方圆”有了更深的理解。

整堂课我印象最深的画面就是汶川地震灾后场面，我们不知道明天和意外哪一个先到来，要居安思危，有备无患。桑枣中学每学期都会在全校组织紧急疏散的演习，汶川地震发生后，桑枣中学的2 300多名学生、上百名老师按照平时演习的路线，井然有序地撤离到操场，用时1分36秒，创造了无一伤亡的奇迹。全体师生遵守规则，珍惜生命，才有这般奇迹发生。

课堂趣味连连，时间犹如一匹骏马奔驰而过，很快，一个“世纪大难题”出现——旧、新火车轨道两难选择。情境如下：放学后，一个学生在旧轨道上玩，另外三个学生在明令禁止的新轨道上玩耍，火车该往哪个方向开？以我对世界的零星认识来说，我会选择新轨道。如果往旧轨道开，的确能够救下在新轨道上玩耍的三人，但旧轨道上的人却因遵守规则而丢失了生命。如果漠视规则、违反规则的人因为人数众多而不用受到惩罚，反而让遵守规则的人承受恶果，这世界将会乱套。对个体而言，生命是最重要的；但对于社会而言，规则比生命更重要。

规则是生命的约束，也是生命的保护。这次主题班会活动，触动了我的心灵，让我懂得要敬畏规则、敬畏生命！感谢黄老师！

感言2（蔡梓健）

今天，我们班举行了“心存规则，敬畏生命”的主题班会活动，这是黄老师为我们精心准备的。她的努力没有白费，这节课让我们对规则与生命的关系有了全新的认识。

遵守规则，乃生存之根本。“漠视规则，危害生命；遵守规则，保护生命”，是这节班会课每时每刻都在强调的一点。生活中的种种事例也都在时刻提醒着我们：遵规者存，违规者亡。

2016年7月13日，北京八达岭野生动物园发生了一起事故——一名女士在东北老虎园违规下车，被老虎袭击受伤，其母亲为了救她，付出了生命；2008年5月12日，四川汶川突发8.0级大地震，汶川的许多建筑物转瞬之间变成了废墟，四川人民惶恐不安，而四川桑枣中学却犹如黑暗中的一道光，师生们用规则守护生命，让生命熠熠生辉！

生命是至高无上的，保护和拯救生命是我们必须努力的，但对于社会而言，规则比生命更重要。经典的轨道选择问题，有两种截然不同的选择，每个选择背后都有响亮的理由，生命固然重要，但只有按规则处事，才有利于社会规章制度的实行！

这次主题班会课使我懂得：规则是生命的约束，也是生命的保护。我们只有遵守规则，爱惜生命，才能为我们的生命带来一片晴空，让生命绽放光彩！谢谢您，黄老师！

感言3（张敏轩）

周四的下午，阳光和煦，微风不燥，大家神采奕奕，共同参与一节主题为“心存规则，敬畏生命”的体验式主题班会，这节公开课让我受益匪浅。

在如今这个高速发展的时代，我们能安稳度日，是因为有规则的存在。一道“轨道选择”问题，难倒了数位同学，一边是心无规则的三条生命，一边是心存规则的一条生命，你要如何选择？正是这道题，让我面对规则与生命的冲突时，进退维谷。犹豫片刻，我最终是选择了“规则”，我的理由是：自己的错误自己承担；三个孩子的错误不能让一个遵守规则的孩子来承担。黄老师的精彩讲解让我更加坚定了自己的选择，我不由心里暗自发誓：无论何时何地，一定心存规则，敬畏生命！

“不以规矩，不能成方圆。”在黄老师的引导下，我们大胆地展现自我，积极地讨论如何制定《遵守规则，行己有耻》班级公约。最后，我们从考勤、纪律、作业、卫生、礼仪、体育锻炼六个方面定下了文明公约，各组代表分别用不同颜色的笔把细则书写在公约海报上。看着那一行行五彩斑斓的文字，我想，那是一种约束，也是一种保护。

感谢黄老师这节意义非凡的课，让我深刻体会到规则的重要性和生命的宝贵，同时也让我不禁反省自己的所作所为是否严格遵守规则。感谢黄老师的辛勤付出！

心存规则，敬畏生命

——用规则守护生命，以价值成就人生

潮州市枫溪区瓷都实验中学　郑玉霞

教育背景

近年来发生在学生身上的意外事件，比如交通意外、溺水意外，时有发生，归根结底是部分中小学生的生命意识和规则意识淡薄。生命只有一次，而新冠疫情暴发至今，“人民至上、生命至上”的理念给了我们一个重新审视生命的机会。因此，教师对中小学生进行生命教育及规则教育，对个人、家庭和社会都具有十分重要的意义。

教育目标

1. 认知目标

通过规则教育，学生能够正确认识规则与生命的关系，明白遵守规则就是珍爱生命的道理。

2. 情感目标

通过各种体验活动引导学生树立正确的规则意识、人生观、价值观。

3. 行为目标

让学生在生活中懂得如何用各种规则约束自己的言谈举止，让生命因心存规则而更加美好。

课前准备

“挑战100”《生命契约》的制作。

教育过程

一、游戏导入，初识规则与生命

师生互相问好后，开始主题班会。

师：同学们，这是什么字？（指着课件上的“人”字，并在学生回答后播放“人”字的笔画顺序）

生：人。

师：这个“人”字是由什么笔画构成的？

生：一撇一捺。

师：下面，我们一起来做个手指小游戏。首先，请大家闭上眼睛，一起来感受这“一撇一捺”的魅力！伸出你的左右手的两根食指，摆出一个能让讲台上的老师看到的“人”字。摆好就不能再变动哦。好，摆好之后请大家把“人”字举起来。请大家把眼睛睁开。我们先来看这位同学摆的（随机抽查一位同学，并让他站起来，转向其他同学）是不是“人”字？

生：是。

师：那再来看看这位同学摆的是不是“人”字？

生：不是，是“入”字。

师：那大家有没有想过“人”字怎么就变成了“入”字了？（让学生思考片刻）对，因为刚才老师说让大家摆出老师能够看到的“人”字，也就是说要让其他同学看到的也是“人”字，而不是自己看到，这一撇一捺要遵循笔画顺序，要从给别人看的角度去构成，不然就变成“入”字了。大家想一想是不是这个道理？（学生纷纷点头，环顾其他同学所摆出的“人”字）大家自己检查自己摆出的是否是“人”字（见图6）。

图 6

（设计意图：利用暖场游戏导入课题，可以很快吸引学生进入课堂，带着浓厚的兴趣参与接下来的环节）

二、体验活动，再识规则的重要性

活动一：“你演我猜”

师：一个游戏相信大家还没有玩过瘾，接下来我们继续来玩一个叫作“你演我猜”的游戏。下面请 4 位同学来参加比赛。

（随机上来 4 个同学，宣布分成两组。教师宣布比赛开始，然后快速亮出题目让学生照着内容表演和猜，并快速宣布结束）

师：哪一组赢了？

生：（七嘴八舌地）××赢了。

师：是吗？

生：不对，好像没有谁赢呀！老师没说怎么比赛就会赢？

师：真棒！那也就是说刚才的游戏少了……

生：比赛规则。

师：好，那我们添加规则，继续比赛。游戏规则：30 秒钟内，猜对最多的小组获胜。

[请两组共4位同学上台比赛，出示题目，操作如前（见图7）]

图7

师：这次哪一组赢？

生：××组赢。

师：我没有说可以同时比赛哦！这样的游戏大家觉得怎么样？

生：不公平。

师：那也就是刚才的游戏……

生：游戏规则不完善。

师：对，有了游戏规则，我们还要有完善的规则，比赛才能分出胜负。好，我们再添加规则，继续比赛。比赛规则：旁人不许提示，一人表演一人猜，比画的人可以用语言和肢体动作来提示描述，但是不能描述某个字的读音或写法。获胜规则：每组1分钟内，猜对最多的小组获胜。

（请两组共4位同学上台比赛，分开比赛，记录每组猜对的个数）

师：这次哪一组赢？

生：××组赢。

师：这个游戏大家玩得开心吧？

（学生点头示意很开心）

师：在这个游戏中，规则重要吗？

生：重要。

师：对！此活动让我们明白生命中规则的重要性，制定规则，完善规则，能让我们更好地规范自己的言行，以保障正常社会秩序的实现。

体验二：挑战100

师：我们要进行很多场考试，相信每一次大家都希望自己能拿满分，今天我们就再来进行一场紧张却简单的考试。

（要求小组长分发试题，但所有同学不能先看试题内容）

（出示“挑战100”试题，并计时）

测试要求：这是一份需要快速完成的测试，总共15题，请你先仔细通读一遍所有的题目，然后再按题目的要求做，速度越快越好。做完后请你记录自己花了多少时间，期待你能挑战我们以前的纪录！

规定时间：2分钟。

试题内容：

1. 在试卷右上角写出你的姓名。
2. 把你的姓名圈起来，在旁边写上三个“好”字。
3. 站起来伸一个懒腰，然后再坐下来。
4. 用一句话写出你对自己人生的期望。
5. 大声说出你的姓名与期望。
6. 用一个动作表示出对上述期望的信心。
7. 写一句话，表达最近对你帮助最大的同学或者老师的感谢。
8. 请到那个人面前大声说出上面那句话。
9. 写出1+2+3+……+10之和。
10. 拍拍你旁边的同学，做一个面部表情告诉他你现在的心情。
11. 写出你所在小组其他成员的姓名。
12. 坐的时间太长了，挺累的，请站起来跳两下。
13. 在你通读完全部试题后，请完成第1题和最后两题，即算你完成了这份试卷。
14. 数一数当你“幡然醒悟”时已做了多少题。
15. 请你在座位上保持安静，在你姓名下面写上“遵从指导我第一”，稍等片刻。

开始计时比赛，学生自己记录完成的时间。有个别学生因为没有认真审题，所以出现试题中相关的行为，现场气氛热烈。

比赛结束后，挑选完成的同学与未完成的同学各自分享感悟。

师：你两分钟完成试题了吗？

生1：我速度太慢了，还没看完。

生2：我完成了，我在最后一秒完成了所有题目。

（师在巡查提问的过程中发现，有一个同学还在写，于是问他怎么会在写）

生3：我速度太慢了，还没有看完，所以还在努力完成。

（学生们哄堂大笑，纷纷说他违反了游戏规则）

（师继续挑选学生回答）

生4：我完成了，用时1分30秒。我做到第四题不知道怎么回答，所以跳过做下边的题目，然后发现前面好多的题目都白做了。

师：怎么回事呢？

生4：做到第13题时，发现试题只要求我们完成第1题和最后两题。

师：（微笑着点点头）嗯，请坐。那有没有同学完成了，用时比这位同学少的啊？

生5：我做完了，我用了30秒。

（同学们都很惊讶，纷纷投以羡慕的目光）

师：为什么只用30秒而已？

生6：我只做了第13题，因为我看了一遍题目才开始写，题目要求我们快速阅读题目，只完成第1题和最后两题。

师：（竖起大拇指）真棒！

（这时掌声一片）

师：从这个游戏中大家发现什么问题没有？为什么有的同学没完成，有同学只用30秒就解决了呢？通过思考我们发现，当有了规则之后，我们还要看清规则，懂得遵规守纪，才能做对生命有意义的事情。这场“考试”再一次让我们感悟到，有时是自己的思维定式使自己走了很多弯路，也吃了亏，浪费时间就是浪费生命，不浪费时间做无意义的事情，才能让生命更有意义。

（设计意图：让学生通过两个活动感悟规则在生活中的重要性，许多情况下我们只有遵规守纪，看清规则，不浪费时间做无意义的事情，才能让生命更有意义）

三、放大规则，明确生命的价值

师：生活中，我们总会遇到一些困难，在困难面前我们是如何对规则做出抉择的？2020年初，一场被世界卫生组织定义为“国际关注的突发公共卫生事件”的新冠病毒在武汉暴发。下面我们一起来看一段视频。请你思考以下行为是否发生在你或你身边的人身上，他们做对了吗？

播放视频感知情形有：

（1）故意隐瞒病情导致多人被感染。

（2）不按规定，依然参加各种聚会。

（3）进出公共场所不愿佩戴口罩，反而与工作人员争吵打闹。

（4）有人借此机会销售假冒伪劣口罩实施诈骗。

（5）还有人在网上散布各种谣言，以至于头条新闻中有专门的辟谣专栏。

（看完视频，教师总结）

师：疫情时社会上依然存在对规则漠视的情况。刚才视频里的那些现象与做法，大家说，他们做对了吗？

生：不对。

师：嗯，在疫情面前，敬畏规则就是对生命最有力的保障。视频里的那些现象与做法都是错误的，这些行为不仅是对他人的故意伤害，还是对规则的冒犯与亵渎，甚至触犯了法律。

师：同学们，每一场灾难，都是一堂生命大课，都是一次生命教育。作为当时武汉本地市民，武汉封城时，如果你有机会可以出城，你选择逃还是不逃？接下来我们一起来玩角色还原游戏。

师：第一个问题，假如你在封城时逃出来了，你为什么会想逃？逃出来后又会有什么样的后果？

生：我选择逃是因为我怕死，怕被感染。

师：那逃出来会怎么样？会有什么后果？

生：逃出来可能会使疫情扩散，使更多的人被感染。

师：逃出来是基于害怕，为了保护自己的生命，但却会让疫情向其他城市扩散，造成更严重的疫情。这既危害了他人的生命安全，又扰乱了社会秩序，违反了社会道德与规则，甚至触犯了法律。相信这就是刚才我问题才抛出来，大家就异口同声回答“不逃”的真正原因，同学们都很正义，真棒！

师：确实，当时大部分的人还是留在武汉了。现在我们一起来还原问题二，封城时那些没有逃出来的人是否害怕？害怕的话，为什么还是没有逃出来？请同学们以以下形式回答：武汉封城时，我留在了武汉，我是________群体（如学生、建筑工人、志愿者、干部……），我没有逃，是因为________。

（请同学们分享一下当时武汉市民的事例。同时教师分别剖析放大里面隐藏的社会规则，追问：①留在武汉，你害怕吗？那为什么还愿意留下来？②这样做了，值吗？③你遵守了规则，对生命有何保障？）

生1：武汉封城时，我留在了武汉，我是学生群体，我没有逃，是因为我虽然害怕，但我相信老师和家长，他们是我的坚强后盾，我只要安安心心学习就好。上网课是遵守国家所倡导的居家隔离，有利于学生减少外出，减少接触，降低被感染风险。作为学生，上网课能更安全地保障我们在特殊时期学习的权利。

生2：武汉封城时，我留在了武汉，我是志愿者群体，我没有逃，是因为我可以做更多更有意义的事。我当时心里也害怕，害怕被感染，但我一想到可以在武汉各个需要我的地区去做志愿者，为更多人服务，我还是留下来了。我在与人接触前做好了防疫措施，这样能让我更好地保护自己和他人。能够在自身安全的前提下为更多人服务，我觉得很值得、很有意义。

生3：武汉封城时，我留在了武汉，我是社区防护者和社区防疫宣传者，我没有逃，是因为我可以让更多的人知道该如何做好防疫工作，共同渡过难关。正因为有了社区防疫宣传员，社区的人民才知道如何配合好国家出台的防疫政策，共同为防疫献出自己的一分力。也是因为社区防疫工作者配合医护人员的工作，帮忙运送各种物资，维护各种检测的秩序，才使得抗疫工作秩序井然。对于我来说，这些工作都意义非凡。

生4：武汉封城时，我留在了武汉，我是机关干部，我没有逃，因为我要坚守岗位，继续传达国家发出的各项政策，引领人们有序完成抗疫的各项工作。作为干部，我要起到带头作用，我不能害怕，有困难我要走在前面，我要做好各部门防疫工作的协调。我们心中有大义、心中有国家、心中有人民，在困难面前我们是群众的主心骨，我们要为群众办实事，维持秩序，即使牺牲生命也义不容辞。

（此时掌声一片，教师满意地点点头）

师：说得真好！“心中有大义，心中有人民”，这才是我们的人民公仆！

他们敬畏规章，敬畏职责，更敬畏生命。

生5：武汉封城时，我留在了武汉，我是白衣天使，我没有逃，因为病人需要我，我的职责是救死扶伤。我害怕被感染，但病人更害怕，他们的病情需要我们的专业知识去解救。有了我们，医院的秩序才能稳定，病人的病情才能得到控制，他们的痛苦才能得到减少。只有通过治疗让他们快点康复，我们才能战胜疫情，一起迎接美好的明天。不管再苦再累，我们要对得起身上所穿的这身衣服！

师：好一句“对得起身上所穿的这身衣服”！这次疫情，正因为有了我们可爱可敬的白衣天使的付出，全国各地的医护工作者互拉一把，同舟共济，我们才能这么快地渡过难关！我们是不是该为他们来点……（学生意会我的意思，掌声一片）老师希望大家以后不管穿上什么样的“衣服”，都要对得起身上所穿的那身衣服！

生6：武汉封城时，我留在了武汉，我是普通人，我没有逃，因为我不想给国家添乱。我居家隔离，减少外出，减少用口罩，把我家多出的口罩，还有我力所能及能买到的，都捐献给了有需要的人，虽然数量不多，但我相信星星之火，可以燎原。只要我们团结起来，抗疫胜利指日可待。

生7：武汉封城时，我留在了武汉，我是公众人物，我没有逃，因为我可以利用我作为公众人物的号召力、影响力来宣传防疫知识，告诉人们不必恐慌，我们有国家、有人民的力量，我们一定可以战胜疫情！中国人是最团结、最棒的！

师：（边说边补充一些图片或视频）同学们真棒，还原了这么多的角色，还有许许多多的普通人值得我们敬佩。比如当时火神山、雷神山医院的建设者，他们用超人的速度建造，保证了病人有病床可以治病；快递员用一人的外出，减少了许多家庭成员的外出，保障了疫区物资的流通；超市人员保证了人们餐桌物品的供应；一些老板不留名悄悄为防疫人员送上盒饭，尽自己的微薄之力……同学们，从我们刚才还原的角色实例中，我们发现选择不逃出一起抗疫的武汉市民，会因社会规则而约束自我。也是因为他们遵守了社会规则，才能保护自己及他人的生命。他们敬畏规章，敬畏职责，更敬畏生命。

同时，我们也在新闻中看到除了留在武汉的人在抗疫，全国其他地区的“逆行者”前往武汉一起努力抗疫，他们为什么还要冒着生命危险进入武汉？逆行之后会有什么样的后果？

生：（七嘴八舌地）为了他人的生命，为了同胞的生命，他们逆行，做着跟武汉市民一样有意义的事情……

师小结："逆行者"以命换命是值还是不值？数以万计的逆行者已经用行动回答"值得"。同学们，疫情面前，因为有全国人民众志成城，遵守社会规则，才使全国上下秩序井然。在抗疫过程中我们各自心里都有规则，有人以命换命，珍重生命仅仅为了自己的利益；有人以命换命，却是在拿自己的血肉之躯，守护千千万万条生命。后者必定将以泰山之重载入人类的史册，彪炳千秋。我们要明白生命之"重"在于其所发挥的作用，比"活着"更重要的是"如何活着"。

（设计意图：通过对立的价值观，在矛盾冲突中让学生明白生命之"重"在于其所发挥的作用，比"活着"更重要的是"如何活着"）

四、面向生活，在规则中健康成长

师：同学们，在我们的成长过程中，生命需要我们自己守护。从出生到走进校园生活，我们已经接触了许许多多的规则和安全知识，那你懂得用规则和知识守护生命吗？下面我们一起来看一组图片。

（展示一些图片勾起记忆，涉及校园遵规守纪规则、交友规则、用电用火防震安全规则、交通安全规则、水上安全规则等）

请同学们针对以上图片以及平时所积累的知识，一起来做"生命小卫士"。以小组为单位，每组完成一个抽取到的问题。讨论、记录各种规章制度、安全知识的具体措施，形成一份小报。

（各小组积极讨论，绘制小报，分享、展示讨论结果，见图8、图9）

图8

图9

小组一代表：我们抽到的问题是“一个优秀的班集体需要我们共同遵守哪些规章制度呢?”，我们讨论的结果是：见到老师主动问好；讲究卫生；上课认真听讲；诚实守信；礼貌待人；不讲粗话、脏话；不能迟到或早退，有特殊原因应先向老师请假；上课做到快、静、齐；穿统一校服，整洁大方；作业按时完成；不留怪发、长发；同学间团结向上，友好相处……

小组二代表：我们抽到的问题是“生活离不开朋友，我们该如何在现实及网络上遵守哪些交友规则?”，我们讨论的结果是：换位思考；向校园欺凌说“不”；学会欣赏他人；遵守道德法律；真诚对待朋友；不撒谎；不过度开玩笑；不高看；不鄙视；平等对待朋友；不随意见网友；不在网络上制造朋友间矛盾；使用网络文明用语……

小组三代表：我们抽到的问题是“生活中，我们该如何遵守用电、用火、防震等安全规则?”，我们讨论的结果是：发现火灾迅速拨打 119；燃气罐着火，要迅速关闭阀门，并用灭火器灭火；突发地震时，在高楼处要用手保护头部，躲进三角形的地方，不可以乘坐电梯；不要乱拉电线，提高、增强用火用电的相关知识；离家或睡觉时要检查电器是否关闭开关；不要用手触碰插电孔；下雨天不要躲在树下（见图 10）……

图 10

小组四代表：我们抽到的问题是“生命可贵，作为中学生的我们，该如何注意交通安全?”，我们讨论的结果是：红灯停、绿灯行，黄灯请你等一等；不乱闯红灯；不在马路上乱跑、追逐，走斑马线、人行道；未成年人不骑机动车；不在校园内骑车载人；过马路时靠右行；坐公交车时不拥挤、不争抢；外出时应告知父母；增强交通安全意识，自觉遵守交通法规，珍爱生命……

小组五代表：我们抽到的问题是“水，是我们不可缺少的‘朋友’，但水也是‘大猛兽’。请你分享水上安全规则”。我们讨论的结果是：游泳时我们要穿好救生衣。不在雷雨天气下水游泳。抽筋时自救的方法：①改变原来游泳的方式；②深吸一口气，将头向前弯入水中，四肢放松下垂。结伴同游，游泳前做好准备运动，切勿太饿或太饱游泳。要到有安全措施的场所游泳，不到江河、湖泊、水库等地方游泳。多喝健康的白开水，少喝有色饮料。下雨天，不到山边游玩，以防山洪、泥石流等灾害发生所产生的危险……

师：同学们，好样的，储备这些安全知识，有助于我们健康成长。下面我们一起观看电影《中国机长》片段，看看他们是如何用专业知识护卫生命的。

（视频讲述川航机组执行航班任务时，在万米高空突遇极端天气，驾驶舱风挡玻璃爆裂脱落、座舱释压的极端罕见险情，生死关头，英雄机组的正确处置，确保了机上全体人员的生命安全，创造了世界民航史上的奇迹）

师小结：生活的道路千万条（规则），但安全第一条（生命）！

（设计意图：学生通过主题班会课体验了规则与生命的关系，懂得了安全的重要性，明白要了解并遵守规则、珍惜生命的道理。让学生懂得安全的重要性，知晓规则，而后懂得珍惜生命）

五、教师寄语，签订生命契约

师：孟子说：“不以规矩，不能成方圆。”莎士比亚说：“纪律是达到一切雄图的阶段。”张居正说：“天下之事，不难与立法，而难于法之必行。”刚才我们通过疫情对生命规则进行了探讨，深刻感受到心有规则，则能守护生命，更能以生命价值成就我们美好的人生！

生命对于每一个人来说只有一次，当你失去时就不可能再拥有。通过这一节课“规则与生命”的探索，相信大家都能更好遵守规则、健康成长，也会对我们在生活、学习中所遇到的挫折更加倘然，能及时、有效地解决困难，在我们有限的生命长度内拓宽生命的宽度、提升生命的厚度。

我们确信没有一个冬天不可逾越，没有一个春天不会来临！愿每个同学：牢记规则，敬畏规则，崇敬生命，升华价值！

师：对社会公约、生命，现在你有什么承诺？

生：我要遵规守纪，好好珍惜生命，好好爱护自己，爱护家人和同伴。

师：请同学们起立。我们一起签订《生命契约》。

生命契约

我向未来承诺，
不管前方的旅途多么艰难，
无论生活的小船经历多少风浪，
我愿意，我们愿意，
生命为先，心存规则，坚强面对，
好好珍惜自己，珍惜他人，珍惜现在，致敬未来！
我承诺，心存规则，遵规守纪，尊重生命，珍惜生命！

契约人：__________

______年____月____日

（把承诺立成契约，全体签订）

师：同学们，我们的主题班会课到此结束，谢谢大家！感谢各位老师的聆听与指导！

（设计意图：让学生认识规则与生命的关系，使其初步感知完整的生命旅程的真正意义。通过师生畅谈生命的意义、签订《生命契约》等形式，形成遵规守纪、共同呵护生命的愿望和承诺）

教学反思与建议

“生命”是一个很需要小心翼翼、拿捏有度的主题，不仅要和“规则”有所联系，还要有体验活动。几经思索，最后定位于在规则中寻找生命。如何通过规则教育，引导学生正确认识心中的规则与生命的关系，明白遵守规则就是珍爱生命，并发挥自身生命的意义，是这节课的主要任务。

首先，我通过“人”字手指小游戏导入课堂，再引导学生完成“你演我猜”和“挑战100”这两个游戏，让学生明白了规则的重要性与实效性。对于“挑战100”的游戏，同学们多有谈论，这个环节也是我印象比较深刻的，当时试题一发下去，没过多久就有同学因为没有认真审题，所以出现试题中伸懒腰、站、跳等行为，现场气氛热烈。虽然预知效果是大部分同学通过前两个活动还没有悟出规则的重要性，又跳坑里了，但当学生陆续跑过来“感恩”老师时，心里还是暖暖的，收获了好多的感动。规则教育后，我结合了现阶段的疫情，要求学生还原2020年初武汉那场新冠疫情的市民角色，让他们明白规则在生活中是无时无刻存在的，特别是疫情期间，遵守了社会规则，才能保护自己及他人的生命，敬畏规则就是对生命最有力的保障。更重要的是让他们在自己举的例子中明白，生命之“重”在于其所发挥的作用，比“活着”更重要的是“如何活着”。学生的精彩见解充分说明这一环节达到了预期目的。我感觉从体验游戏到分享心得，让学生自己感悟出道理，这样的设计还是比较合理，也有针对性，也符合学生年龄的特点。在游戏中帮助他们树立正确的规则意识、价值观、人生观，这样的主题班会才不乏味。由于学生平时已经接触了许多安全知识，所以我把第四部分“面向生活，在规则中健康成长”设计为让学生自主合作小报，让他们细化规则并落实在平时的学习生活中，这样印象会更深刻，教育能更落到实处。

通过此次体验式主题班会，我感觉学生对于如何用规则和知识守护生命，让自己在规则中健康成长，让自己的生命更有意义有了更深的理解。不过一节班会即使在当时很精彩、很成功，它的功效也需要经常性地巩固，需要持之以恒地强化！体验式班会作用显著，同学们也很喜欢，我们一定要坚持开设，系列性体验式班会更能彰显其功效。

当然，这节班会课也存在着许多不足之处：课的容量比较大，体验活动偏多，所以各个环节完成得还是比较仓促；自己上课时敏感度不够，比如寻找摆错“人”字的学生，一时没找到，就找了一个对的，浪费了一些时间，比预期用时多了；又如学生在回答问题时未能及时捕捉学生发言中的生成性教育资源；时间的紧迫，导致了部分环节的衔接略显不自然；第四部分由于时间关系，也做得不够深透，匆匆就结束了。

（更多精彩，可扫描下方二维码获取本节班会课件）

教师点评

点评1（枫溪中学　邱少莹）

郑玉霞老师的这节主题班会，体验活动丰富、针对性强、课堂气氛好，主要表现有以下几方面。

1. 体验活动多且有效，学生踊跃参加，课堂气氛好

主题班会中，讲规则的很多，讲生命的也很多，规则和生命结合起来的却几乎没有，纸质版的书籍和网上可供参考的资源寥寥无几，都是要教师自己创造性地设计一些体验活动。郑玉霞老师先用一个“人”字小游戏导入主题，让学生初步感知规则与生命的关系；接着用“你演我猜”的体验活动让学生懂得规则的重要性；再用体验活动“挑战100”让学生进一步懂得认清规则的重要性。学生能积极参加体验活动，踊跃谈感悟，课堂上既充满欢声笑语又能让学生收获对“规则”的正确认知。

2. 明理、激情、导行有机结合

郑玉霞老师这节课的设计逻辑性强，层层递进、层层剖析，把明理、激情、导行有机结合起来。

明理：通过三个体验活动，让学生明白规则的重要性以及认清规则的重要性。

激情：结合武汉新冠疫情，首先通过对“逃”与“不逃”的讨论，让学生懂得只有遵守了社会规则，才能保护自己及他人的生命，遵守规则就是敬畏生命、爱护生命；接着通过“值”与“不值”的讨论，让学生懂得比“活着”更重要的是“如何活着”，激发学生树立正确的价值观、人生观。

导行：联系学生的日常生活实际，教导学生用规则、知识守护生命，让他们在规则中健康成长。

3. 针对性、时效性和实效性明显

在全球疫情依然严峻的当时，郑玉霞老师通过举办体验式主题班会“心存规则，敬畏生命”在中学生中开展了规则教育和生命教育，告诉学生在疫情面前，敬畏规则就是对生命最有力的保障，其针对性、时效性和实效性是显而易见的。

不足之处：学生发言踊跃且有自己的见解，但郑玉霞老师未能及时捕捉学生发言中的生成性教育资源。

点评2（阳光实验学校　李枫）

郑玉霞老师的该节体验式主题班会“心存规则，敬畏生命”主题鲜明，设计精心，将宏大的“规则与生命”主题通过一个个活动体验落到学生的具体生活中，取得了良好的德育效果。

1. 巧妙引用手指游戏，轻松导入主题

以汉字“人”的手指小游戏作为课前热身，引导学生初识规则与生命的关系，成功激发学生的兴趣和关注的热情。

2. 恰当使用体验活动，触发思考主题

本次班会的体验活动表现形式丰富，游戏体验“你演我猜”、“挑战100”、角色还原、制作小报、签订契约等体验活动大大提高了学生的参与积极性。活动过程的安排也注重层次性，如通过三个“你演我猜”小游戏引导学生明白规则的重要性，再以“挑战100”让学生在亲身体验中明白看清规则的重要性，水到渠成。角色还原这一环节的设计也非常巧妙，既结合疫情这一规则与生命的大课堂，又是一个最真实的情境讨论活动，在“逃”与“不逃”的选择中，能将学生对“规则与生命”的思考引向纵深。

3．课堂气氛活跃，学生参与积极

本次主题班会在郑玉霞老师的用心组织下，课堂气氛轻松、快乐，从课堂上学生参与游戏的投入、分享的精彩言辞到最后签订契约时整齐响亮的声音，不难看到学生的参与热情。有了参与，就有了交流的互动、思维的碰撞，也就能获得素养的提升，进而取得教育实效。

点评3（云光中学　黄雪娟）

郑玉霞老师的这节主题班会内容丰富、形式多样、活泼有趣，能够结合本班学生的实际情况，有一定的针对性，德育导向明确。

1．体验活动丰富多样

这节主题班会课安排了“你演我猜”、“挑战100”、签订《生命契约》等几个活动，形式多样。在“你演我猜”活动中，学生表演精彩，肢体语言表达生动、口头语言表达流畅，气氛热烈；在“挑战100”活动中，大多数学生一开始埋头苦干，最后才“幡然醒悟”，事倍功半，却更深地体会到遵循规则的重要性；签订《生命契约》活动，让这节课的德育导向更明确，让学生懂得要心存规则，敬畏生命。

2．情景真实，触发思考

这节课郑玉霞老师设置了关于2020年新冠疫情发生后武汉封城，市民面临两难选择情境。这个情境真实、有效，触发学生的思考，同时强化了学生的规则意识。

罗曼·罗兰说过：“世界因有规则而美丽，规则是人类进步和文明的象征。”相信班会课之后，学生们会深入地思考规则与生命的关系。

点评4（古板头中学　刘顺勇）

郑玉霞老师对本节体验式主题班会做了精心的设计，这种精益求精的精神是很难得的。本节课的课堂组织很有条理，内容非常充实，教学过程充分体现了学生的主体性，是一节成功的体验式主题班会课。我觉得，本节课至少有以下几个亮点：

1. 教学目标明确，教学过程环环相扣

本节课意在让学生形成正确的规则意识，从而养成热爱生命的积极情感。在课堂中，郑玉霞老师先从“人”字的手指游戏进入话题，为规则的重要性做好导向。紧接着，一场“你演我猜”的游戏强化了规则的重要性。郑玉霞老师用一个小测试“挑战100”告诉我们仅仅懂得规则的重要性还远远不够，认清规则更重要。在第三个环节，学生们踊跃参加“角色还原”体验，从不同角色出发展开讨论，告诉我们应该发挥生命的价值。在第四个环节“生命小卫士”中，学生们充分发挥团队的力量，对抽到的问题进行了思考与总结，用图表的形式告诉我们在生活中如何去珍惜生命。最后，老师用名言警句总结了规则与生命的关系，启迪学生体会生命的意义。在学生整齐的诵读声中，《生命契约》的签订促使学生对规则意识和生命观的理解更上一层楼。整节课中，学生在体验中逐步提升了对规则与生命意识的认知水平，水到渠成，课程育人效果突出。

2. 体验活动丰富，教育效果明显

本节课的体验活动丰富，不依赖说教，教育效果不言而明。课堂立足体验，基于规则与生命的思考，充分调动了学生的积极性。

3. 有效培养学生的规则意识

课程设计侧重对青少年学生的规则意识的启蒙。本课的主旨是“规则与生命”，在最后用宣誓的形式，促使学生获得尊重规则、热爱生命的理念，达到了课程设定的认知目标。

当然，这节课也有一些可以再改进的地方。如体验活动偏多、课堂时间不足，建议教师对引入的体验活动做适当的取舍。时间的紧迫，导致了各环节间的衔接部分略显仓促。

点评5（瓷都中学 李世龙）

郑玉霞老师的主题班会“心存规则，敬畏生命”主题鲜明，针对性强。整节课节奏紧凑，活动形式多样，适用初中生身心成长的特点和适应能力。从课后学生的反馈可以看出，本节课有很强的教育效果。

1. 精心设计的体验活动浅白易操作，学生感悟清晰可见

本节课设计了“你演我猜”比赛，从怎样评定获胜者来引导学生明白规

则的重要性。从课堂表现可以看出，学生能从活动中非常直接地感悟到规则的重要性。而在“挑战100”的游戏中，学生铆足劲尝试在2分钟内完成15道题，但最后发现不能完成。由此学生就产生疑问：“为什么我完成不了？”而后在教师的引导下，学生明白了“原来是自己没有看清规则”，感悟到遵守规则的重要性。

2. 切入点不落俗套，设计别出心裁

在平常的德育工作中，“规则与生命”的主题一般体现在“遵守规则，珍惜生命”的交通安全教育中，但郑玉霞老师却别出心裁地从“遵守规则，以命换命”这场伟大的抗疫战争切入。这样的处理既紧扣社会热点，又让学生明白了“规则”更广阔的含义；既能理解“明文呈现的法律法制、规章制度”的概念，又能深度思考“无形道德规则”，进而感悟出规则与生命的联系。

点评6（崇礼中学　蔡碧佳）

“生命”这一主题宏大且厚重，世间“规则”何其繁复，如何将大主题做细、做小、做实，找到精准的切入口来进行设计，是本课的难点亦是亮点。郑玉霞老师从一个“人”字手指小游戏导入，简单快速地在规则与生命之间搭建起一座桥梁，只有遵循一定的规则，才能成为“真正的人”，成就生命的意义。本课的另一亮点在于第四个环节——“面向生活，在规则中健康成长”，面对生命中许许多多的规则，如何在有限的时间里尽可能多维度地深入探讨，郑玉霞老师选择了分组讨论并形成小报的活动形式，可以同时涉及集体、交友、安全等方面的规则，若能将这一关乎学生生活实际的环节做多做深，适当删减其他环节，效果可能会更好。

点评7（枫溪中学　钟丽芳）

郑玉霞老师的这节“心存规则，敬畏生命”主题班会课做到了以下几点：

1. 主题明确，立意新颖，符合班级实际，贴近学生现实

针对近期的社会现象，对本班学生进行生命教育及规则教育。既符合班级实际也贴近学生现实。

2. 内容具有时代性、思想性、知识性、趣味性

在选取主题班会的资料方面能贴近学生的生活实际，采用发生在学生身边的具体事例来教育引导学生要心存规则，敬畏生命。

3. 形式多样，气氛和谐，生动活泼，内容丰富

在班会开展中有学生的角色换位思考、“你演我猜”、“挑战100”、小报设计等活动环节，能结合班级实际，紧紧围绕着“规则和生命”这个主题而展开。学生在和谐的氛围中快乐地参与互动，整个过程让学生潜移默化地受到教育、得到启迪。

不过由于时间的限制，整节课在时间的安排上过于紧促，对于主题的升华方面还需要进一步改进。

点评8（枫溪中学　佘万钿）

郑玉霞老师这节课有不少亮点，下面几点是给我印象最深的：

1. 活动充分体现体验式主题班会的特点

本节课课堂环节设置层层递进，通过“你演我猜”这同一个游戏逐步添加规则，让学生从轻松有趣的游戏与实际的体验中感知规则；而“挑战100”这个游戏设置得非常巧妙，让许多不看清规则就急急忙忙参与活动的同学深刻地认识到看清规则的重要性，这比直接告知学生更能令学生印象深刻。

2. 紧贴时事热点

郑玉霞老师利用新冠疫情期间的各种社会现象作为切入点，通过设置情境引导学生去思考分析，从而明确规则与生命的联系，让学生切实理解规则对于生命的重要性。

3. 将教育落到实处

通过小组分组选题讨论并制作小报，学生将“规则与生命”的主题落实到日常学习生活中，小组内的讨论也充分调动了学生的积极性，突出了自我教育与同伴教育。

点评9（益盛中学　蔡昭萍）

这节课给我留下了深刻的印象。郑玉霞老师利用了“你演我猜”“挑战

100”“角色还原”等形式多样的体验活动，让学生充分了解到许多情况下我们只有遵规守纪，才能做出让生命有意义的事情。学生交流感悟时，郑玉霞老师循循善诱，让学生充分了解到生命的可贵，同时也让学生懂得规则的重要性，懂得要珍惜生命。

课前老师用心准备、精心筹划，整节课主题鲜明、思路清晰，学生参与度高，配合度好。师生互动、生生互动不落俗套，尤其是学生的个人发言，体现了学生极高的综合素质。特别是“挑战100”这个环节，学生在讨论问题的时候都做到了兴奋而不混乱，特别积极、踊跃，在回答问题的时候，能够很全面地陈述，也展现了学生的活力和才华。

学生感言

感言1（王烁钿）

今天下午，我们班开展了“心存规则，敬畏生命”的主题班会。这次班会是为了让同学们更好地遵守规则、保护自己的生命而开展的。

老师通过要求我们用左右手两根食指比画一个“人”字给老师或别人看的小游戏开启了班会课，让我们明白了看清楚规则是多么重要。接下来，我们进行了“你演我猜”的游戏，我们从第一轮的没有规则，再到第二轮的制定了不完善的规则，最后到第三轮的改进和完善规则，这个游戏使我们懂得了如果没有规则，我们的生活和社会秩序将会变得混乱，当规则无法适应社会生活的变化时，那就需要我们对其进行改进和完善。然后我们又进行了“挑战100”的体验活动，也再一次证明了看清规则的重要性。我们要遵守规则，才不会浪费时间，才可以做更多更有意义的事情。

在这之后，我们探究了新冠疫情期间武汉抗疫一线人员和全国人民的做法及其原因，也让我们看到了他们为了集体和他人的利益不惜牺牲个人利益甚至生命的奉献精神。他们舍小家顾大家，我们应该为他们的行为点赞！正是因为全国人民心中有规则且时时刻刻遵守社会规则，才有了我们抗击疫情的伟大胜利。

再后来，我们又对生活中的安全问题进行探讨并绘制手抄报，从中我们懂得了生命是多么的渺小，必须在遵规守纪中确保生命的安全。最后，我们观看了电影《中国机长》的片段，我们发现有很多人在为我们的成长和幸福生活承担责任，在为我们的安全保驾护航，因此我们应该更加珍惜生命。

在未来，不管前方的路途多么艰难，无论生活的小船经历多少风浪，我们应以生命为先，心存规则，坚强面对，好好珍惜自己，珍惜他人，珍惜现在，致敬未来。

感言2（刘恩慧）

今天下午的主题班会，我真的是收获满满，通过这场班会，我明白了，规则不可破坏，生命弱小且珍贵。

首先，老师让我们玩了两个小游戏，第一个就是用手摆出“人”字，这个游戏要求摆出老师看到的“人”字。第二个游戏是“你演我猜”，从游戏规则的一步步完善中，我们明白了游戏规则的重要性。这个游戏还反映出成员之间的默契，既要准确地比划出来让另一个人猜出是什么，又要注意彼此之间的默契。这个游戏有时间限制，时间到了就不许再比画了，所以规则不可破坏，我们要遵守，从而得出胜负。

其次，武汉是我国最早暴发新冠疫情的城市。对于这个突如其来的新型冠状病毒，武汉市民也是做了全面的抗疫和防疫工作。面对这个疫情，武汉市民面临着两种选择：逃和不逃。如果选择逃的话，身上如果带有病毒，去到别的地方，会使病毒迅速扩散起来；如果选择不逃，在家进行自我隔离，接受治疗，积极配合防疫工作，那么病毒会得到有效的控制。事实证明武汉市民与全国市民响应国家号召，居家隔离，减少人与人的接触，迅速战胜了疫情，减少了人员的死亡。

接着老师播放了关于我们在学校日常生活的视频，老师给出了五个问题，每组抽取一个问题来完成小报。我们这一组抽到的是“一个优秀的班集体需要我们共同遵守哪些规章制度呢?”，我们分工合作，写出来许多平时规范我们言谈举止的小细则。这个小报虽不是最好的，但简单又好看。在其他组分享的安全措施中，我明白了道路千万条，安全第一条。

这节班会，我明白了四个道理：规则不可破坏；生命弱小且珍贵；要珍惜生命；道路千万条，安全第一条。

感言3（蔡恩博）

在此次公开课上，我们有超有趣的游戏互动环节。上课时，我的心情是略微紧张的，担心自己做不好，但经过老师和同学们的相互配合，最终我受益良多，对规则的重要性及对生命有了更深地理解。

在小游戏环节，有许多让人欢乐的场面，但我觉得领悟其中的道理才是这些小游戏的最终目的。此次公开课的主题是“规则与生命”，老师将一个个小游戏层层递进，从一开始的无规则到后面规则的增加与完善，让我明白在现实生活中，规则是评判是非的标准，也是指引我们行动的准绳。“不以规矩，不能成方圆”这句话也在这节课中体现出来，深深地印入我的脑海中。特别是“挑战100”的游戏，好多同学都受自己习惯的限制，没看清题目的要求，像平时考试一样，从第一题做起，或做到一半，发现不对劲；或在规定的2分钟内无法完成所有题目。当有同学分享他只用了30秒完成时，大家才恍然大悟，知道看清规则是多么的重要。

而在互动环节，同学们所说的武汉抗疫事例中隐藏的规则与生命的关系，让我对这次抗疫有了更深的理解，对生命有了更大的敬畏之心，也对祖国有了更深的敬意！在一位位白衣天使背后，还有无数普通人的支持，更有社区干部、自愿接送医生护士的司机、免费送饭的饭店老板等，当时他们内心也害怕被感染，却在国家危难时将民族大义表现得淋漓尽致。

课堂的最后，通过“做生命的小卫士”活动，各小组一起绘制生活中各方面规则与安全的思维导图结束。

这次公开课，将乐与学相结合，每一部分都透露着老师教学的用心，将枯燥的道理以更加直观明了的方式展现出来。我特别感谢老师对我们的辛勤付出和教导，谢谢老师！

感言4（戴铭禧）

在本周四，我们开了一节主题班会课。此次主题班会课总共五个环节，其中令我印象最深的是“小游戏”“做考卷”和“制小报”这3个环节。

小游戏是“你演我猜”，第一和第二句，我们都在说：“某组某同学赢了！”“他赢了！”可是老师摇了摇头，告诉我们：“规则不完整，你们怎么判断谁输谁赢呢？”我这时才明白，规则对于我们生活是多么重要，正因为有了规则，我们的生活才不会乱成一团，才能变得井然有序。

在“做考卷”这一环节，老师让我们组长分了题目，一共有15道题，可只有两分钟。计时一开始，大家都争分夺秒地写起来，我慌乱之间往下面的题目看了一眼。啊呀！前面的题可白做了！都怪我急着写题，没有看清题目要求。我只得自认倒霉。经过老师的一番分析，我恍然大悟，平时我考试也总会因为没认真看题目而痛失好几分。看来我们都应该好好反思自己，遵守规则也会使我们自己得到不少益处，再小的规则我们也要遵守。

“制小报”可让我手忙脚乱了，但是我的组员们纷纷提供小报材料，让我看起来并不是那么无助，而小报也在规定时间内完成了。我们在分享制作小报的结果时，发现规则制度、安全规则的存在是为了使我们更健康地成长！这也使我看见了团结的力量，如果没有其他人的帮助，秩序乱了，我也没有办法完成小报。人心齐，泰山移！

这是一节令人印象深刻的课，我还从其他环节明白了不少道理，同学们各式各样的小报也使我从中学习了许多安全小知识，例如：在水中抽筋如何自救，如何防止触电……这节活动班会课意义非凡，让我增长了知识，懂得了道理，着实受益匪浅！

团结你我，砥砺奋进

——汇聚个体力量，共建团结班级

潮州市枫溪区崇礼中学　蔡碧佳

教育背景

901班是个重组班级，经观察，开学两个多月以来，有些同学依旧喜欢与之前八年级的同班同学抱团活动，排斥认识新同学；有些同学不了解什么是真正的团结合作，同学间的合作能力比较弱，集体荣誉感较差；而有些同学渴望与人交朋友，和别人一起做事情，却因不知怎样与人合作而烦恼。因此，本次班会课为同学们提供了一个活动的舞台，让他们在活动中认识团结互助的重要性，明确什么是真正的团结，学会与人合作，为建设一个团结的班集体出谋献策，培养积极向上的班风。

教育目标

1. 知识目标

通过本次主题班会，学生在活动中认识到团结互助的重要性，懂得如何做才是真正的团结。

2. 情感目标

感受团结合作、共同克服困难带来的快乐，增强班级凝聚力，培养积极向上的班风。

3. 行为目标

通过动手实践、小组讨论、情境思辨，学习与人合作的方法，培养团结合作的能力。

课前准备

（1）准备好活动所需的场地、道具、多媒体资料等。

（2）将学生分成五个小组（分组时有意分散原本的小团体）。

（3）剪辑本班日常生活片段的视频。

（4）在黑板上设置一个积分榜。

教育过程

一、走近团结，视频导入

师：亲爱的同学们，大家下午好！今天我们班会的主题是“团结你我，砥砺奋进”。这趟团结之旅，我们将按照四个步骤来进行——走近团结、体验团结、团结印记和团结寄望。首先，我们一起来看一个小视频，看完之后说说你有什么感想。

（观看视频。视频内容简介：小企鹅、小蚂蚁和小沙蟹们面对强大的天敌时，团结起来，共御外敌，避免被消灭）

师：刚才视频里出现了这样一句英文，不知道同学们有没有注意到，“It’s smarter to travel in groups”，我们可以把它翻译成“结伴出游更明智”。现在请一位同学来谈一谈你看了小视频之后的感想，有没有同学来发言，请举手。

生：团结协作可以帮助我们更好地抵御外敌的入侵。

师：很好！还有没有同学说一下其他的感想。

生：一个人的力量是单薄的，但是很多人的力量结合在一起就会非常的强大。

师：这就是我们平常所说的“团结力量大”，是吧？两位同学总结得非常好。刚才这个视频，大家都提到了一个关键词，就是团结。那什么是团结呢？

（出示：什么是团结？为了集中力量实现共同理想、完成共同任务而联合或结合）

（设计意图：利用有趣的视频导入课题，可以很快吸引学生进入课堂，初步感知团结的力量，怀着浓厚的兴趣参与接下来的环节）

二、体验团结，情境思辨

师：了解了什么是团结，那究竟什么才是真正的团结？为什么要团结？怎样团结？下面我们将通过一系列的活动，共同来找寻答案。我们先通过一个“找名字”的体验活动，一同来感知团结的重要性。

活动一：找名字

（出示活动规则）

（1）每组各发同一期的报纸一份，固体胶水一个，小组长合理分配任务。

（2）计时 3 分钟，在报纸上寻找与名单里同学的姓名相同的文字，撕下，贴在名单的相应位置。

（3）每找出一个字积 1 分，找齐姓名的，每一个姓名额外加 2 分，积分最高的一组获胜。

师：大家拿到的名单，内容都是一样的，是 10 位同学的名字，比如“陈小红”三个字都找齐了，那就得 5 分。班会结束后，积分最高的小组可赢取奖品。现在计时开始！

（教师边巡视边投影学生活动的场景，见图 11）

图 11

师：可撕出大概区间，用笔圈画出名字即可。注意时间，现在还剩下 1 分 23 秒。

（教师继续巡视，重点关注每组的配合情况，见图 12）

图 12

师：好，现在倒计时五秒钟，五、四、三、二、一，停止！为确保公平，请小组长们到下一组去帮他们统计分数，该组成员确认无误后在名单上填写分数。

（每个小组进行分数统计）

师：激动人心的时刻到了！现在我们将各组的得分写到积分榜上，第一组 16 分，第二组 15 分，第三组 14 分，第四组 7 分，第五组 18 分。第四组才 7 分?！为什么呢？我看到你们的名单也是贴得密密麻麻的，咱们等会儿好好反思一下。请同学们看屏幕上的三个问题：

（在体验中思考）

（1）如果只有我一个人，能完成得这么好吗？

（2）我们组为什么可以取得胜利？

（3）我们组失败了，该反思些什么？

师：第一个问题，由得分居中的第一、二、三组来讨论回答；第二个问题由得分最高的第五组来回答；最后一个问题，大家一起说，由哪个组来回答？

生：第四组。

师：现在给大家一点时间进行讨论，等一下我们派代表来发言。……我们先请排名第二的第一组派代表来发言。

生：如果只有我一个人，我不能完成得这么好。

师：为什么？

生：因为报纸上的字那么多，如果只有我一个人，不可能找齐那么多的字，只有分工合作，才能提高效率。

师：很好，请坐。现在请第三名的第二组来回答。

生：也是不能。因为如果没有大家齐心协力分工合作的话，速度会比较慢，没办法找到这么多的字。

师：你们是怎样进行分工合作的，可以谈一谈吗？

生：有的人负责找名字，有的人负责撕，有的人负责粘贴。

师：说得不错，请坐。第三组的同学，你们派谁来回答？

生：如果只有我一个人，我找不到这么多的字。

师：为什么呢？

生：因为我们组每一个人都进行了分工合作。

师：我注意到你们有个小细节做得非常好，你们是把报纸撕开了是吧？

生：是的。一个小组只有 4 张报纸，而我们组员有 13 个人，撕开了报纸，可以让每个组员都有报纸，找起来会比较快。

师：好的，请坐。现在，我们请胜利之组派代表来回答，你们组为什么可以做得这么好，18 分。

生：比较团结。

师：那体现在哪里？

生：配合得好。

师：如何配合？

生：有明确的分工，有的找，有的撕，有的粘贴。

师：那有没有哪个同学，你觉得他做得特别好，找得特别快的？

生：每个人都很好。

师：好，非常好，这位同学很有领导风范，请坐。现在，我想请第四组的同学谈一谈，为什么别的组是十多分，而我们是 7 分？是不是应该反思些什么呢？请派代表来说一下。

生：分工不明确，没有互相帮助。

师：对，你说到点子上了。你看，你们的报纸，都是完整的一大张，中间抠了两个洞，大概是胡乱撕下来的人名吧，所以你们的名单纵然贴得密密麻麻，但其实很多是无效的。谢谢你，请坐。通过刚才同学们的发言，特别是第四组和第五组两个小组的发言对比，我们可以明显感受到团结合作在其中起到非常关键的作用，那团结合作的重要性是什么呢？如果我们用一个数学公式来表达，你会怎么写？

（学生沉默）

师：团结合作很重要，它可以发挥出什么功效？

生：$1+1>2$。

师：是的，团结可以突破个体极限，发挥出 $1+1>2$ 的功效。很多同学刚才都提到了，我一个人找不出这么多的字，我需要我的同伴来协助我。

（在体验中感悟：团结合作的重要性——突破个体极限，发挥 $1+1>2$ 的功效）

（设计意图：因为 901 班是个重组班级，有些同学依旧喜欢与之前八年级的同班同学抱团活动，排斥认识新同学，所以在分组时有意分散原本的小

团体，通过找名字这个活动，可以让学生熟悉其他同学的名字，增进彼此的友谊，并且在分工合作中感知团结的重要性）

活动二：情境思辨

师：通过刚才找名字的活动，我们已经明白了团结的重要性，那什么是真正的团结、要怎样团结，我们将通过一些两难情境，一同来思辨明理。

（出示情境题）

面对下面这些两难情境，你会怎么做？

情境一：考试时，朋友递来小纸条，让你把答案写给他，你不会的地方，也可以让他帮忙，这样互相团结合作，可以达到互惠共赢。你会怎么做？

情境二：合作中，你和朋友都需要某件东西，而东西只有一件，要重买也来不及了，你会怎么办？

情境三：你和小王都接到出班级手抄报的任务，你擅长画画，但字却不好看，小王擅长写字却缺乏美术功底，你会怎么做？

情境四：你所在的学习小组，学习氛围不浓烈，课余时间成员经常聚在一起聊游戏、玩手机。你意识到这样不对，你会怎么做？

情境五：房间起火，浓烟滚滚，房门却很小，里面有六七个人，情况十分危急，你是房间主人，你会怎么做？

师：现在屏幕上展示的是5个情境题目，我们按照上一轮活动的积分排名，积分高的组优先选取题目进行小组讨论。咱们按情境题的顺序分别请代表发言，能提供解决方案的，加5分；其他小组能为该情境提供不同解决方案的，也可以加5分。

（每个小组各自选取情境题，进行小组讨论，教师巡视指导，讨论结束后，各组派代表发言，见图13）

图 13

师：情境一，请第四组派代表发言。你有没有经历过这样的情况，考试的时候，同学给你传个小纸条？

生：有。

师：真的有，那你帮了他吗？

生：没有。

师：你为什么不帮他？

生：因为作弊是一种很不好的行为，我认为真正的团结是大家在面临对自己不利的事情时一起奋斗来克服。

师：对，非常好！你刚才说作弊是一种很不好的行为，作弊其实是用欺骗的手法去做不合规定的事情。

（生沉默）

师：所以这是真的团结吗？

生：不是。

师：所以下次再面临这样的情况，大家都要向邱育同学看齐，大胆地 say no。我们给这个组加上 5 分，别的小组还有要补充的吗？……没有的话，我们请第一组的同学来谈一谈情境二。

生：我会把那件东西先借给他。

师：等一下，这个东西不是你的。情境中没有说这个东西是你的，所以不存在说你借给他。

生：那我会跟他商量着共用。

师：只能一个人用啊，东西只有一件，那这个时候怎么办？

生：那我会把这个东西让给朋友。因为我觉得朋友比这个东西更重要，虽然我也很需要这个东西，但不能因为它而影响了我们的友情。我觉得可能我的朋友也是这么想的，他可能也在想着要把东西让给我先用。

师：你的意思是，东西只有一件，你先用或者他先用，都没有关系，你们的友情最重要，是吗？

生：是。

师：好的，先请坐。你们组有没有其他意见可以补充的？我刚才看到你们两个针锋相对，简直像在辩论，你来说说看吧。

生：先让给他吧。

师：所以，你们组讨论后的结果就是不管什么情况，先让给朋友。这是你们小组最终讨论出来的一个方案。其他小组呢？有对这个情境题有不同看法的吗？

生：如果我自己也需要这个东西，我会和朋友真诚地说明我也需要它，看看他能不能让给我。

师：好的，也感谢你的分享。刚才这两个小组都提供了他们的解决方案，应该说无所谓对错，但有没有更好的解决方案呢？老师提一个我的看法：在团结协作的过程中，沟通是非常重要的，如果是我，我会建议双方坐下来一起沟通，你为什么需要这个东西，我为什么需要这个东西，我们把彼此需要它的原因摆到桌面上来谈，如果确实你比较需要，我再让，而不是无条件地为了顾及我们的友情而让给对方，你们觉得呢？当然，大家都可以保留自己的看法。我们给这两个小组都各加 5 分吧。

现在轮到第三个情境题，你和小王都接到出班级手抄报的任务，你擅长画画，但写字却不好看，小王擅长写字却缺乏美术功底，你会怎么做？

生：就是各自发挥自己擅长的东西，发挥 $1+1>2$ 的功效。

师：也就是要怎么做呢？

生：擅长画画的就负责绘画的部分，擅长写字的就负责文字的部分。

师：对，那就是两个人可以共同来完成这份手抄报，进行……

生：分工合作。

师：很好，在团结的过程中双方可以做到取长补短，分工合作。我们给这一组也加上5分。现在轮到第二组了。

生：我会告诉他们玩手机的危害，让他们不要总是玩游戏，提议一起来看看书，我们一起讨论学习，多参加实践。

师：我还要问大家一个问题，咱们现在是哪个年级的学生？

生：初三。

师：对，初三。在我们的面前，有一个共同的难关，那就是中考，所以针对初三的学生，你可以再将你刚才的回答整理一下，我们的学习小组，可以确定一个共同的……

生：学习目标。

师：对，我们可以确定一个共同的学习目标，也即是考出最好的成绩，考上理想的高中，然后就可以像今天班会的主题说的，朝着这一个目标……

生：团结你我，砥砺奋进。

师：最后我们请第三组的同学来谈一谈你们对情境五的看法。房间失火了，房门很小，可以参考一下我们这个教室门，你是屋主人，你会怎么做？

生：如果有老人小孩，就让老人小孩先走，其他人按顺序出去，作为屋主人的我，会留到最后。因为我是主人，房间失火，我要负责任，让其他人先出去以后，我再离开。

（掌声热烈）

师：他提到的一个点，是我没有预设到的，却让我觉得温暖感动，大家有没有听到，他说要让谁先出去？

生：老人和小孩。

师：当然这个无关团结，但这是一个闪光点，老师听了觉得很感动。刚才这位同学说了，要按照顺序离开，如果中间有老人小孩，就让老人小孩先走，最后离开的是……

生：屋主人。

师：所以这就涉及一个礼让和配合的问题。

以上就是这五个情境的思辨题，大家都说得非常好。老师最后进行一下小结，下次遇到这样的情境，我们可以怎么做。第一，团结合作也要讲诚信；第二，在合作中要学会沟通；第三，团结需要各尽所能、取长补短；第四，要朝着共同的目标，砥砺奋进；第五，团结也要注意礼让配合，当然，如果我们能像林同学一样，有这种人性光辉的闪现，我觉得会更完美。

（设计意图：提供两难情境，让学生越辨越明。学生从已有的认知出发，教师加以适当的引导，帮助学生树立对团结的正确认识，更好地感悟团结的内涵以及该如何团结合作）

三、团结印记，出谋献策

师：懂得了什么才是真正的团结以及要如何团结合作，接下来，就该是大家为 901 班这个大家庭出谋献策的时刻了。虽然我们相处的时间只有两个多月，但也留下了一些团结印记。

（播放本班日常生活的 2 分钟小视频，感受集体的团结与温暖瞬间，教师进行旁白）

师：（旁白）九月的风，吹开青春的帷幕，我们相逢在骄阳似火的夏季。还记得吗？我们班是学校第一批更换新课桌的班级，也许你们不知道，我们只花了 20 分钟，就完成了两个教室课桌椅的置换。这 20 分钟里，发生了什么？有的同学搬好了自己的桌椅，主动帮助其他同学，有的同学，站在楼梯口维持秩序，有的同学，主动帮忙打扫卫生……老师由此看到了一个团结的集体该有的样子。特别是第 10 周时，我们班有 43 位同学参加了广东省学生体质健康测试，大家为了追求优良率这同一个目标而奋勇拼搏，抛洒青春的汗水。啦啦队员们拼命地加油鼓劲，长跑的赛道上，他们陪你们冲向终点，这一幕令老师非常感动。整齐的单车、洁净的教室、精美的板报，这些都是我们共同努力的结果……

活动三：我为集体献一计

（黑板上展示大树的海报图，见图 14）

师：901 班这个班集体就像一棵大树，我们是一片一片的叶子，为了让这棵树茁壮成长，每一片叶子都要张扬饱满。为了构建一个更团结友爱的班集体，朝着我们心中的共同目标——中考取得满意的成绩而砥砺奋进，请你为集体献一计。

图 14

请在“叶子”便利贴上写下你的点子并签名，装点这棵“团结之树”，大家可以从学习、纪律、卫生、中考、活动、本人等方面来献计。这五张海报将在班里的后黑板上张贴一周时间，通过票选，班委会讨论后，选取最佳的三条建议加以实施。相信通过集思广益，我们会成为一个更好的901班！

（学生认真地写下自己的建议，见图15、图16）

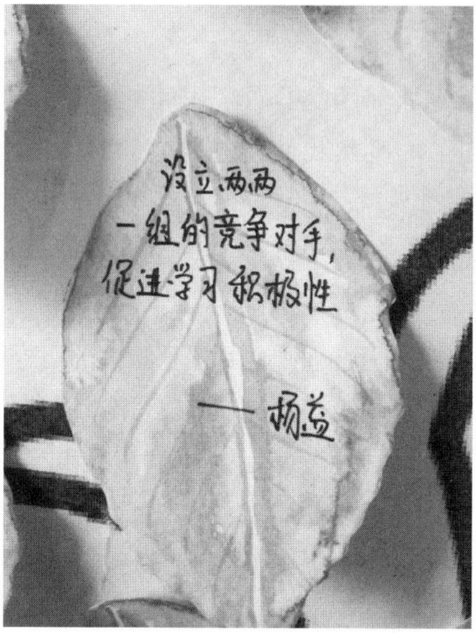

图15

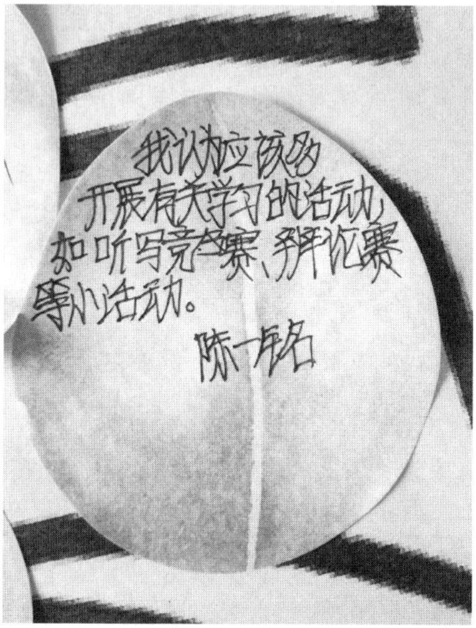

图16

（设计意图：通过观看本班日常生活片段的视频，学生从中感受到集体的团结与温暖，为下面的“我为集体献一计”活动酝酿情绪。由此，学生可以将本课所学的“如何团结合作”运用到实际中，完成从理论到实践的升华，同时这也是本次主题班会在课外的一种延伸，以期达到增强班级凝聚力的教育目的）

四、团结寄望，教师寄语

师：大海浩瀚无边，她的身体里是无数小水珠；高山巍峨耸立，他的骨骼中是数不清的小石块。人生路上，我们难免会遭遇挫折，有时候并不是一个人的力量就可以解决的，它需要合作、需要团结。愿我们在901班这个温暖的大家庭里，汇聚个体力量，友爱互助，共建团结班级！最后，我们给获胜的小组颁发奖品，请第五组的小组长上台领奖。今天的主题班会到此结束，感谢大家！

教学反思与建议

“团结与合作”是主题班会中最古老的话题之一，我想到的是从本班的实际出发，上一节贴近901班的“有用”的班会课。“有用”具体体现在导向性、趣味性和生成性上。

一、导向性

这节体验式主题班会在设计之初，便是针对本班的实际情况来量身定做的，具有较强的目标导向性。

901班是个重组班级，许多学生排斥认识新同学，所以在分组的时候，我有意分散原来的小团体，通过“找名字”和“情境思辨”这两个体验活动，为学生提供一个熟悉彼此和思维碰撞的舞台，目的在于增进同学间的友谊，并且在合作中感知团结的重要性。

二、趣味性

一节“有用”的班会课，除了主题的教育性、针对性、实效性之外，呈现道理的方式也至关重要，若能以游戏的外衣裹上德育的道理，让学生在玩乐中形成正向的价值观，教育目标的落实会是水到渠成的事情。

引入部分，我选择了简短有趣的小视频作为导入，可以吸引学生快速进入课堂，初步感知团结的力量，怀着浓厚的兴趣参与接下来的环节。“找名字”活动掀起了课堂的一个小高潮，游戏式的班会课令学生在玩中增智，在玩中明理，收到教育无痕的效果。

我在这节班会课中引入“积分榜”的形式，一方面能够给班会课增添趣味性；另一方面也可以让组内成员团结一致，力争高分，在无形中紧扣本次班会的主题。

三、生成性

教师在备课时，应当对学生的回答做尽可能多的预设，预设越多，教师对课堂的把握就越胸有成竹。而在实际课堂中，学生的回答经常会超出教师的预设范围，这十分考验教师的综合素质和临场应变能力，教师既要肯定学生的闪光点，又要适时地引导学生往教育主题的方向行进，才不至于被学生“牵着鼻子走”。而这一过程碰撞出来的火花，往往是一节班会课最“吸睛”的亮点，我们谓之“现场生成性的部分”。

本节班会课，在情境思辨活动中，情境二是你和朋友都需要某件东西时，你会怎么做，学生讨论后得出的结论是让给朋友，这与本课主题无关，但确实是学生的真实想法，所以我在尊重他们想法的基础上，提出自己的观点，将思路适时引回主题；另外，在讨论火灾逃生一题时，有学生提出逃生过程中应让老人小孩先走，这虽与团结无关，但这是一种人性光辉的闪现，我予以了充分的肯定。这些现场生成性的部分，给这节班会课增色不少，既营造了轻松活泼的班会氛围，又鼓励学生在思考问题时尽可能拓宽思维的边界。

当然，这节班会课还存在着许多不足之处，如环节与环节之间的过渡语言设计得不够自然，环节处理还可以更紧凑些；活泼的气氛也还不够；教师巡视时，加入适当的背景音乐可能会更好；时间的把控不够精当，留给学生发挥的空间还不够广。

（更多精彩，可扫描下方二维码获取本节班会课课件）

教师点评

点评1（枫溪中学　邱少莹）

蔡碧佳老师的这节主题班会课从备课、磨课、上课到课后对教案和课件精益求精的修改，都深深让我感受到了她的细心、用心和匠心。这节课最突出的亮点是：

一、有效的体验活动

一个好的活动，不仅激发兴趣，让学生积极参与，而且寓教于乐，引发深入的思考。通过“找名字”这个体验活动进行小组竞赛，然后让获胜的一组谈谈“为什么可以取得胜利”，让失败的一组反思“为什么失败”，学生通过动手参与活动和活动后交流体会，深刻感悟到团结合作的重要性。建议：活动时可以播放背景音乐，教师在各组中穿梭巡视，给予学生适时的提示和帮助。

二、务实的情境思辨

本节课体验活动精心选择，情境思辨题也用心设计。五道情境思辨题的话题各有侧重，进一步让学生明白什么是真正的团结，懂得在日常学习生活中该如何进行团结合作。这样的情境思辨让学生有思考、有感悟、有行动。

点评2（益盛中学　蔡昭萍）

蔡碧佳老师这节“团结你我，砥砺奋进”的主题班会课，内容丰富，形式多样。整个班会课主题鲜明、思路清晰、重点突出。蔡碧佳老师通过有趣的视频引入、动手实践、小组讨论、情境思辨、出谋献策等活动，由浅入深，环环紧扣，使学生在活动中感受到团结合作的重要性，并懂得如何做才是真正的团结，在团结中砥砺奋进。

在“找名字”这个环节中，可以看到学生们的参与热情与小组之间的团结协作，这就是本节课的目的——团结。在“情景思辨”这个环节中，各组学生对情境题目所给出的解决方案，也体现了学生能够更好地感悟团结的内涵以及明白该如何团结合作。活动中，“我为集体献一计”也充分体现这次主题班会课教育的延续性。这是一节教育性、实效性、针对性很好的主题班会。

点评3（瓷都中学　李世龙）

在蔡碧佳老师精心导演的这节主题班会课中，“演员”不是演，而是悟，悟出“团结”；“观众”不仅只是“观”，而是悟，悟得体验式主题班会的内涵。整节课精彩纷呈，高潮迭起，让人回味无穷。以下是我的个人感想：

（1）活动一“找名字”让学生意识到团结的重要性，培养团结意识；

活动二则通过“情境思辨”让学生懂得团结的内涵；活动三则把班会的主题落地，先通过“团结印记”，唤起学生归属感，然后设计“我为集体献一计”活动让学生出谋献策，构建团结的班集体。三个活动层层推进，逐步升华。学生在体验中培养了团结精神，增强班级凝聚力。

（2）小组竞赛环节设置巧妙，把活动一、活动二串联起来，形成一个饱满的结构。若只在活动一设置，这样的积分评比就会显得突兀和孤立；同时“竞赛”又充当调节剂，把学生的积极性调动起来，让学生快速进入“体验”状态。

点评4（古板头中学　刘顺勇）

蔡碧佳老师这节体验式主题班会课令我印象深刻，精心的课前准备和精彩的课堂演绎都体现了她的敬业精神，这值得大家学习、借鉴。我想，这节课至少具备以下几个亮点。

（1）引入生动活泼，有利于引起学生浓厚的学习兴趣。在活动开始，用生动的动画视频，使学生们在轻松一笑之后，很自然就能进入到对主题的学习。只要学生们感兴趣，课堂的学习就显得轻松易懂。

（2）活动设置巧妙，能紧扣体验式主题班会的特点，让学生在具体可感的语境中获得知识。活动设计意图明确，突出知行合一的原则。第一个活动“找名字”不仅容易操作，而且在竞争中能促进学生们的团结协作。第二个活动“情境思辨”能充分引起学生的共鸣，容易产生角色代入，达到切身体验的教育效果。

（3）活动设计层层推进，主题突出。从“团结”的含义，到“如何实现团结”，再到“团结的内涵拓展”，以及最后的“教育的课后延伸”，各环节环环相扣，使本节课的教育效果延伸到课后，凸显了主题班会课的教育功能。

（4）课堂组织活动严密，现代教育技术运用娴熟，课堂驾驭能力强。活动开展有条不紊，能紧密配合主题。这与蔡碧佳老师对课件的精心制作、投屏仪的娴熟运用、自然的教态和灵活的课堂应变能力都息息相关。

最后我想提一点建议，如果蔡碧佳老师对活动时间的掌控更加精准，活动与活动之间的衔接更加紧密，这节课就更完美了。

点评5（枫溪中学　钟丽芳）

蔡碧佳老师对这节主题班会“团结你我，砥砺奋进”课前的准备工作是相当用心和充分的，可以看出来蔡碧佳老师的基本素养和技术专业水平之高。教学的各环节能层层推进，逐步升华，导入环节的视频让学生直观了解团结的力量之强大，从而引导学生知晓在班集体建设中怎样做才能真正团结以及同学之间该如何团结。通过体验活动——“找名字”让学生总结成功与失败的原因，让学生在体验中初步感悟到团结合作的重要性。接着在活动二的情境思辨过程中，学生进一步明确团结合作需要讲诚信、要懂得沟通、要取长补短，还要互相礼让与配合才能朝着共同目标砥砺奋进。最后的“团结印记”和“为班集体献计”激发了学生的情感共鸣并使之行动起来，整个教学达到了预期效果。

点评6（瓷都实验中学　郑玉霞）

蔡碧佳老师的这节课，课件制作精美，思路清晰，重点突出，能围绕“团结”这一主题，逐步推进“体验式”活动，具有以下四点魅力。

魅力一：以三个有趣的小视频，展现小动物间“结伴出游更明智”，从而激发学生的兴趣，让他们更好地参与下面的环节。

魅力二：设计的“找名字”活动与“情境思辨题”环节非常有针对性，使学生能越辨越明理，体会团结、合作的真正意义。

魅力三：“积分榜”的设计能激发学生参与积极性，既有必答题积分，也有补充答题积分，使答题场面更活跃、更激烈。

魅力四：蔡碧佳老师上课非常细心，能及时发现学生亮点，给予评价。如学生针对情境五的问题回答说“让老人、小孩先离开失火房间”时，蔡碧佳老师对此进行了评价，认为该学生的行为是在团结合作的基础上体现了人性的光辉，让在场人员感到温暖，值得赞扬。

点评7（云光中学　黄雪娟）

蔡碧佳老师的这一节主题班会活动课，结合本班实际情况，有一定的针对性，具有较强的感召力和凝聚力。

（1）鲜活灵动、富有趣味。如采用小视频导入，活泼有趣，自然地引出

“团结合作”这个话题。又如“为集体献计”环节，用“叶子”装点“团结之树”，形象生动。

(2) 整节课能够突出“体验式”主题班会形式，学生全程参与，积极主动，气氛热烈。例如“找名字”活动，既是游戏，又是竞赛，学生热情参与，在体验活动中感悟到团结合作的重要性。

(3) 活动环节设置合理，循序渐进、环环相扣。“找名字”“情境思辨”“为集体献计”等活动环节设计有梯度，层进渐入、螺旋上升，每一活动环节重点解决某一层面的问题。不断强化，真实有效地提高了班级的凝聚力。只有德育开花，智育才能结果。

点评8（枫溪中学　佘万钿）

蔡碧佳老师的这节班会课准备得非常充分，一进到教室看到会场布置，就让我们感觉到蔡碧佳老师的细心与用心，而整个班会课的过程与环节的安排，都体现出蔡碧佳老师的充分准备。

这节班会课蔡碧佳老师根据自己班里学生的实际情况进行设计，非常有针对性。通过有趣的视频导入，引发了学生的兴趣，而体验活动的设置由浅入深，层层递进，设计意图明确，并且在活动过程中教师的引导能很好地引发学生的思考，将活动真正做透，使学生能真正在活动中去思考、去感悟，而不是浮于表面。特别是情境思辨环节对诸多情境的设置，贴近学生的生活，能引发他们积极思考，让学生越辨越明，在思辨的过程中使自己的思想得到触动。教师在同学们发言的过程中也能够及时地捕捉发言中的闪光点，适时进行引导与升华，将教育思想嵌入现场生成性内容中，让学生真正得到自我教育。“团结之树”的设计，也使班会课的效果在课后得到了很好的延伸。

点评9（阳光实验学校　李枫）

蔡碧佳老师的这节班会课精彩绝伦，让我印象深刻，以下三点是我认为值得学习和借鉴的地方。

一、主题班会的环节巧妙，层层深入

由有趣的视频动画引入“团结”话题；通过三个体验式活动，既亲身体验“团结”的重要性，又辨明“团结”的内涵，而且将“团结”落实到班级实际中来。这几个环节由浅入深，推进了班会课堂的深度开展。

二、教师的班会课设计尽显精心、细心

精美的课件、温馨的班级活动视频，均能看出蔡碧佳老师准备之充分。此外，蔡碧佳老师还提前预见到学生的回答，在“找名字”和“情境思辨”的体验感悟环节中，先广泛听取学生的感受、想法，再给出自己的评价、建议。课堂上又能及时关注生成的问题，在讨论情景思辨五时，有学生谈到要优先让老人、小孩逃离着火的房间，蔡碧佳老师及时肯定学生的这一做法，给予学生正确的引导。

三、学生参与活动的积极性高

以小组为单位，完成三个活动环节，既让学生广泛参与，又切实感受到“团结”的意义，有趣、有效。

学生感言

感言1（戴子希）

上周我们班开展了一场以“团结你我，砥砺奋进”为主题的班会课，这节别开生面的主题班会课使我收获甚多，感悟至深。我们先观看了一个小视频，了解什么是团结。随后便开始“找名字”的小游戏——在报纸上找出小组成员的姓名，找得多的小组胜出，我们小组团结合作，合理分工，最终获得了第一名。最后老师播放了一个小视频，展现我们班自开学以来班集体的点点滴滴，教室里整齐的朗读声，操场上为同学助力的呐喊声，还有我们体锻和学习的身影……虽然我们只相处了半学期，但同学间的友谊早已深厚。

一滴水是微不足道的，渗入泥土便会消失不见，而只有将它放进大海里才能永不干涸，期待接下来我们班能够更加团结，创造属于我们的奇迹，共建更美好的901班。

感言2（杨嘉）

上周四，我们班开展了一次主题为“团结你我，砥砺奋进”的主题班会，全班同学的共同参与，让我感受到前所未有的幸福感与归属感。

看到分组名单时，我有些恐慌，因为我与一些平日里很少相处的同学分配到了一组，刚开始我有点抗拒，毕竟活动中还要参与到一块。我觉得，我们组可能没什么默契，甚至觉得这次我们班不一定能完成这次主题班会，因为班上平时爱发言的同学很少。

但主题班会开始后却与我想象中的完全不同，在班主任的引导下，大家踊跃地讨论问题，特别是我们组的讨论氛围非常活跃，就连平日里腼腆的男生都大胆地表达了自己不同的意见。当我望向其他组时，发现他们的讨论也非常热烈。

这次活动让我感受到901班原来是一个温暖的大家庭，我们每一个人团结起来所迸发的力量是如此之大，远远超出我的想象。这使我明白，其实901班就是一股力量，推着我们砥砺前行。

感言3（孙嘉荣）

几天前，我们班举行了一次关于团结合作的主题班会，从中我受益良多。开始上课时，老师播放了一段动物们团结一致共御外敌的小视频，让我意识到个人的力量是单薄的，但集体的力量是强大的。接着是一个令我印象深刻的体验活动——“找名字”。虽然我们小组在找名字活动中失败了，位列末尾，但是我们从中反思了自身的不足，也得到了一些启示。情境思辨环节，我们各自进行了小组讨论，这让我领悟到团结不只是聚集在一起，还要讲诚信和分工协作，只有让每个人发挥自己的力量才是真正的团结。

一根线容易断，万根线能拉船。经过这次主题班会，我感受到团结的力量，在今后的生活中，我会和同学们团结协作、携起手来，朝着我们心中的共同目标——中考取得满意成绩而砥砺奋进！

感言4（杨益）

上周四，我们班开了一场有关团结合作的班会课，从中我获益良多。首先，老师播放了一段小动物团结抵御外敌入侵的视频，让我深刻地意识到团结就是力量的真谛。“找名字”活动让我刷新了对同组同学的认识，原来我们团结起来共同完成一件事情，这种向心力如此美妙。情境思辨环节，同学们畅所欲言，我们在思辨中明白了什么是真正的团结以及要如何团结。最后老师让我们在大树的海报上贴上叶子便利贴，写下我们为班集体提的建议，共同为建设一个更美好的901班而出谋献策。看着同学们苦思冥想认真的模样，我发现我更喜欢这个班集体了。

感言5（罗雅丽）

南国的秋天很暖，阳光穿透窗帘，在我们的课桌上投下一片光斑。在这静谧安详的午后，我却无比紧张，因为下午的第二节课，我们班将举行主题班会，而我是第三组的小组长。

上课前，我的手心已渗满了汗水，我深吸一口气，在心里默默为自己加油。这次班会的主题是“团结你我，砥砺奋进”，让我感触最深的是“找名字”游戏。我们必须在3分钟内找到10位同学的名字，而报纸只有4张。一开始我很担心，在心里默默嘀咕：我们互不熟悉，平时也没说几句话，现在突然合作起来，要找30个字，那不得手忙脚乱的，还不如我自己来呢！

只听班主任一声令下，我已顾不得紧张，赶紧加入到活动中去，我的组员把报纸撕成了好几张，确保每个人都有，都不会闲着，还没回过神来，我就听到他们喊：“快！组长，找到你的‘雅’了！”我赶紧一目十行帮着找名字，想不到无须我安排，他们已经发挥自己的特长，在做适合自己的事了，最终我们组得了14分。

过后，我认真思考老师留给我们组的问题：如果只有我一个人，能完成得这么好吗？答案是否定的，找、撕、贴，这三个环节缺一不可，仅凭一人之力，不可能完成得这么好，所以团结起来，集中力量真的很重要。

荷花虽美，也要绿叶的扶持；沙子虽然松散，但它和水泥、石块等混合在一起，比花岗岩石都坚硬。团结就是力量，我们要团结起来。

团结你我，砥砺奋进

——团结合作，让我们的集体更优秀

潮州市枫溪区益盛中学　蔡昭萍

教育背景

当前部分中小学生生活条件优越，从小备受呵护，以自我为中心的思想突出，致使他们往往缺乏互帮互助、以集体利益为先的团结意识，这对学生价值观的树立和健康成长是不利的。为此，班主任利用班会课向学生阐明“团结与合作”的内涵，并强化这种意识，引导学生在生活中懂得如何“团结与合作”，意义非凡。

本节课通过层层推进、环环相扣的体验活动，帮助学生认识到“团结与合作”的重要性，引导学生强化合作意识，并内化于心、外化于行，让学生在激烈的中考竞争中学会“团结与合作”，实现中考与人生的共赢。

教育目标

1. 认知目标

让学生了解团结的内涵，感受团结的力量。

2. 情感目标

增强集体凝聚力，培养团结精神。

3. 行为目标

让学生学会与他人合作的方法，培养团结合作的能力。

课前准备

旧报纸、胶带、小剪刀、有关歌曲的视频、表格、气球。

教育过程

一、歌曲导入，初识团结

（一）开场白

师：上课之前，我们先一起来唱首歌。

全班跟唱歌曲《众人划桨开大船》，边唱边鼓掌。

（设计意图：《众人划桨开大船》这首歌的歌词特别符合“团结与合作”的主题，并且唱起来非常有气势，可以先调动全班同学的热情，从而初步认识团结的力量）

师：无论是学习、工作还是生活，每一个人都要生活在集体之中。正如歌中所唱“一棵小树，弱不禁风雨；百里森林，并肩耐岁寒”，集体是由个人组成的，一个人的智慧和力量是有限的，但如果把个人的智慧和力量融入集体之中，就会变成取之不尽用之不竭的集体智慧和力量，从而创造出非凡的成就，所以作为一个班集体，我们需要团结。（引入主题《团结你我，砥砺奋进》）

（二）走近团结

师：什么是团结呢？

生：团结就是我们全班人一起学习，一起努力，争取全班有好的成绩，有好的班风。

师：是的，团结就是需要我们全班人齐心协力，一起努力。接下来我们分组朗诵《团结是什么》。

女生：团结是什么？

男生：团结是滴水的汇聚，是鸟儿的归宿，是花儿的纷飞。

女生：团结让滴水不再干涸，使滴水成为海洋中的快乐浪花。

男生：团结让鸟儿不再孤单飞翔，使他与同伴展翅高飞。

女生：团结让我们不再害怕，再大的困难我们都不怕。

男生：团结如缕缕清风，送来温馨和微笑，吹去心中的阴霾和不安。

合：曾经那激动人心的接力赛，曾经那拨动心弦的拔河赛，曾经的一幕幕就会永远在我们心中定格成永恒的感动。

合：曾经的这一切，是团结，是坚韧，更是永不言败的信念。

合：我们是独一无二的，我们永不言败。

师：单丝不成线，独木不成林。接下来我们将通过一系列的活动来体验团结的重要性。

（设计意图：通过男女分组朗诵，让学生感受到团结的力量在自然界、在人类社会都是非常重要的）

二、活动体验，感知团结

活动一：辩论“谁是最重要的”

师：接下来我们将进入辩论环节，首先要对辩论进行分工。

把全班分成六个组，分别充当眼睛、鼻子、嘴巴、耳朵、手和脚，每一组的成员就是辩手。这时候把事先准备好的气球（气球上面分别画有眼睛、鼻子、耳朵、手和脚）拿出来，一个气球代表一组（发言可以自由发挥）。

（学生1）眼睛：我是人体中最重要的部位。有了我，人们才可以看见世间的所有的光明，才可以选择阳光大道。有了我，才可以迈过前方的险阻。

（学生2）鼻子：不，我是人体中最重要的组成部分。人类通过我才能闻到香味，感受到大自然中给予的芳香。如果没有我，人类无法呼吸，无法生存。

（学生3）嘴巴：不是的，我也可以为人类提供氧气，供他们呼吸。我还可以替人们品尝餐桌上的美味，让人们满足吃的欲望，补充人们身体所需的营养让人们得以生存。

（学生4）耳朵：不对不对，我才是人体中最重要的部位。如果没有我，你们就不能听到任何声音，别人说的任何事，都不能执行。刚才那么好听的音乐，你们也听不到，我才是最重要的。

（学生5）手：不要争了，我才是人体最重要的部分。我的作用最大，劳动创造财富，没有手，怎么劳动？有我在，才有钱花。

（学生6）脚：你们说的都不对，我才是人体中最重要的部位。人们有了我，不论道路是平坦还是坎坷，都可以走过。如果没有我，你们哪里都去不了。

（各组成员踊跃发言，见图17）

图17

师：其实呀，我们身上的器官各有特点，只有大家都各司其职，身体才能发挥最大的合力。比如，五官都端正，我们的脸蛋才会漂亮。所以，每个器官都是至关重要的。以我们903班为例，只有每个同学都发挥自己的力量，团结一致，才可能创造出一个优秀的班集体。

（设计意图：通过辩论，让学生知道人与人之间要互相帮助、互相尊重、取长补短、团结合作，才能形成一种积极向上的学习氛围）

活动二：建塔

师：了解了什么是团结，辩论了“谁是最重要的”，接下来将进行体验活动，考验大家的团结协作程度。这个活动称为建塔。

出示活动要求：

（1）以小组为单位。

（2）材料：3张报纸、透明胶、小剪刀。

（3）时间要求：5分钟。

（4）胜出标准：又高又稳。

（活动过程中，每组成员都认真配合，见图 18、图 19）

图 18

图 19

活动后，提问学生：

（1）在这个活动中，你们有分工吗？如何分工的？

（2）活动过程中，你们有分歧吗？你们是如何处理的？

（3）没能把塔建起来的组，究竟是什么原因使你们的塔没能站起来？

（根据活动的成功与失败，各小组派代表发言，见图20）

图20

师：先采访成功的组，你们有分工吗？如何分工的？

生：我们有明确的分工，先确定要建的形状是什么，然后我们组里的每一个成员都有不同的工作。

师：在这个活动中，谁起的作用最大？

生：在建塔时，所有同学都非常认真，都有自己要完成的工作，所以每个人都很重要。

师：一件事情要成功，离不开所有人的努力，不管是谁，都是重要的一部分。

师：接下来，让没有成功搭成塔的小组派代表发言。

生：开始的时候，我们有点着急，没有先把具体的工作详细分工，导致了整个活动比较乱。大家好像都在动手，但是，没有一个明确的目标，还是徒劳了，最后还是没能成功。

师：一个活动要取得成功，我们必须要建立一个良好的合作关系，必须有明确的目标、合理的分工以及默契的配合。建塔成功的小组值得表扬，建塔失败的小组也不要气馁，更加重要的是在这个活动中我们体验到了团结合作的重要性。

（设计意图：通过建塔这个活动，让学生自己动手体验，明白要建成一个又稳又高的塔需要集中小组所有成员的力量，只有互相帮助、分工合理、目标明确，才能取得成功）

三、直面现实，学会团结

师：个人的成功往往离不开集体的协作，因为集体是我们智慧的源泉。合作中，我们心灵得到碰撞，过程更加顺利，结果更加完美！在成长中，因合作而碰撞的火花是美妙的，但有时候，我们难免会或多或少留下遗憾。接下来，大家回忆一下，从团结合作的角度看，在我们的集体生活中，有没有哪些瞬间让你至今仍感动不已，又有哪些事让你觉得不完美或令自己感到后悔？

（引导学生从这些方面考虑：日常公共地区的轮值工作、摆放自行车、班里的值日生、班干部的管理等）

生：我讲一下我比较后悔的一件事，就是从开学到现在，我有几次没有按时到学校参加卫生轮值工作。通过我们刚才的活动，我深深地感到后悔，觉得自己做得不够好。

师：那你以后要怎么做呢？

生：我以后一定按时完成学校的要求和班里的各项工作。

师：我们掌声鼓励他。

（设计意图：这一环节主要是从学生已有认知出发，让他们诠释对团结的理解，并对照自己对过往所做的事存在的不足进行反省，通过对学生自己的讲述进行适当地引导帮助，升华了团结的主题）

四、抒发心声，传递团结

师：通过了一系列的活动，同学们对自己今后的学习和生活肯定有了新的想法，对我们班也有了新的要求，对接下来的初三学习也有新的期望。我们相信团结起来能发挥无穷的力量，对于团结合作，你想对你的同学、你的合作伙伴说些什么呢？你们打算怎么做呢？请把你们的想法和做法写下来。

（出示内容，让学生填写）

> 1. 我们班________最团结同学。我想对他（她）说：________（说一句赞扬的话）。
>
> 2. 我曾经这样帮助过同学：________
>
> 3. 我们班还有需要我帮助的同学，我准备这样帮他（她）：________
>
> 4. 作为毕业班，我们班目前在________方面还存在不良现象。我们该如何团结一致来面对将来：________
>
> 5. 为了中考能够考出好成绩，我准备以后这样做：________
>
> 姓名____________

（课堂上展示部分学生填写的内容，课后将全部学生填写的内容贴在公布栏上）

师：老师希望我们的班是一个团结、相互包容、相亲相爱、互帮互助、热爱学习的班集体。

（设计意图：让学生懂得如何做才是团结合作，感悟到只有团结一致、齐心协力，才能互惠共赢、砥砺前进）

五、班主任寄语：凝聚团结

师：一个班要达到以上我们设定的目标，单靠一个人的努力是不够的。任何团队的成功都离不开每个人的无私奉献，一个优秀的班集体最不能缺少的就是这种无私奉献的精神。

生：我们903班一定能够团结友爱、互相帮助。

师：一个人，只有把自己和集体融合在一起，才是最有力量的。初三的我们正面临学习的压力和中考的挑战，第一阶段考试已经结束，第二阶段考试和期末统考将马上到来。也许我们会获得成功，也许我们会遇到困难，遭受挫折，面临失败，但是，只要我们团结合作，互相配合，携手并进，不畏困难，我们的班集体就会更加优秀，我们的中考梦就一定能够实现！最后，让我们齐唱歌曲《相亲相爱一家人》，珍惜缘分，拥抱团结，决胜中考！（合唱期间，六位组长带着气球站到讲台上，在班主任的指挥下，把气球汇聚，将标有“团结你我，砥砺奋进”的标语聚拢在一起，最后放飞气球，全

场鼓掌欢呼）

（设计意图：选择这首歌，是呼应了整一节课的后续，我们必须像一家人一样团结在一起，砥砺奋进，为了同一个目标而努力）

教学反思与建议

本节课以“团结你我，砥砺奋进”作为主题，是集体验活动和德育教育于一体的一个课例。这节课，我能够贯彻“以学生为主体”的教育理念。虽然整节班会课是由我来主持的，但实际上我所扮演的角色只是把各个环节穿成一条线。从开始到最后，真正的主角是学生。学生在体验中思考，在思考中感悟，在感悟中完成自我教育，懂得团结的意义。体验式主题班会对我们来说是新生事物，它的操作性需要继续摸索实践，一两节的班会课是远远不够的，还需要老师和同学们的共同努力。

（更多精彩，可扫描下方二维码获取本节班会课课件）

教师点评

点评 1（枫溪中学　邱少莹）

蔡昭萍老师的这节课设计结构紧凑、衔接自然、环环相扣、层层推进，最后达到知、情、意、行的有机统一。

知：一开始以全班跟唱歌曲《众人划桨开大船》和分组朗诵《团结是什么》让学生初识团结。

情：让学生分成六组，分别充当眼睛、鼻子、嘴巴、耳朵、手和脚，辩论“谁是最重要的”，活动进行到这个环节，学生的情绪被调动起来，热情高涨地参加接下来的体验活动“建塔”，水到渠成地把整节课推向高潮，大家在活动中深深体会到团结合作的重要性。

意：老师趁热打铁让大家从团结合作的角度回忆过去的感动瞬间，或不完美甚至是后悔的往事。几位学生的分享令人动容，直击心灵，引起同学们的情感共鸣，达到很好的教育效果。

行：心动不如行动。学生通过完成老师派发的表格，把自己今后打算在团结合作方面做得更好的想法和做法写下来，并付诸行动。

在这次“团结你我，砥砺奋进”的同课异构活动中，蔡碧佳老师和蔡昭萍老师的课体现了同课异构的“和而不同，各显其美”：

1. 教育背景不同，但教育目标相同

蔡碧佳老师的课是针对自己现在所带的班是重组班级，同学之间合作能力较弱，班级缺乏凝聚力而精心设计的。蔡昭萍老师注意到班里大多数学生以自我为中心，缺少互帮互助、集体利益为先的团结意识，因此召开本次主题班会。但是两节课的教育目标是相同的，都是遵循了让学生感知团结—体验团结—学会团结—践行团结的过程。两节课都真正体现了“班会课，就是要解决问题”的宗旨。

2. 教育过程不同，但教育效果相同

两位老师分别用不同的方式导入，不同的体验活动，不同的教育情境，最后教育效果却是相同的：能走进学生的心灵，让学生感受到心灵的启迪，产生思想和情感上的共鸣，认识到团结合作的重要性并知而后行，知行合一，共同构建团结友爱的班集体。

点评2（崇礼中学　蔡碧佳）

一节好的主题班会课，应该兼具教育性和启迪性，蔡昭萍老师的这节主题班会课做到了这两点。首先，班会课在一首老歌中拉开帷幕，学生边唱边鼓掌，歌声嘹亮动听，为本次主题班会开了一个好头。然后用一首小诗和一场辩论让学生明确团结是什么，初步感知团结的内涵。接着，体验活动“建塔”将班会推向了高潮，学生在活动中巧分工、讲配合、乐参与，并在活动中感悟如何团结合作，感受团结的重要性，正所谓“自我教育才是最好的教育”。最后，直面现实，化作行动，书写自己在集体中要如何团结同学，共谋对策迎战中考，立足当下，启迪未来。

此外，蔡昭萍老师亲切自然，像一个大姐姐般关心每一个学生，学生参与热情高涨，每一位同学发言完毕，大家都予以热烈的掌声，营造了一种团结向上的班级氛围。本次班会课选取的两首歌曲都较有年代感，若能选择更青春奋进的歌曲，效果可能会更好。

点评3（瓷都中学　李世龙）

这是一节优秀的体验式主题班会。

（1）主题突出，结构内容层层递进。蔡昭萍老师观察到大多数学生以“自我为中心”，缺少互帮互助、集体利益为先的团结意识，由此问题应景生出班会主题“团结合作，砥砺奋进”，然后设计活动让学生明白在生活、学习中都需要团结合作，最后引导学生从思想深处思考，怎么构建一个团结的班集体。整节班会先晓学生以理，后动学生以情，再导学生以行。

（2）体验活动真实且有成效，能使学生从简单的身体体验活动深入到思维体验活动，激发了真情实感。辩论活动“谁是最重要的”让学生越辩越觉得支撑自己最重要的理由或证据越来越苍白，这样的思维碰撞结果就是迸出感悟的火花：每个人都重要，团结在一起最重要。而在“建塔”活动中，小组各成员通力合作，完成任务，最后感悟到：达成目标的路上，要有合理的分工，默契的合作关系，进而把这感悟迁移到学生、生活和工作中。

在这次“团结合作，砥砺奋进”的同课异构课中，蔡碧佳老师通过“情境思辨”让学生辨明了“团结”，而蔡昭萍老师通过“建塔”让学生搭建出“团结”。虽然“殊途”，但“同归”，都归于很好的育人效果。

点评4（古板头中学　刘顺勇）

蔡昭萍老师这节体验式主题班会，在课前做了精心准备，课堂上异彩纷呈，是一节成功的示范课，有以下几个亮点：

1. 课堂设计巧妙

在引入和结束环节，均采用齐唱歌曲的方式，利用了歌词的教育意义，利于课前热身和课后加深学习印象。

2. **教学设计思路清晰**

在设计上，突出了“教师引导—学生感知—集体体验—分组反思—教师导向—联系学习”的教学设计思路。每个教学环节的设计都非常紧凑，课堂上时间的把握都恰到好处。

3. **课堂的体验味较浓，符合主题班会课的主体性、实践性原则**

“初识团结”环节用“诗歌朗诵”；“感知团结”环节用“分组辩论”；“体验团结”环节用“建塔竞赛”；“直面现实、学会团结”环节用“师生互动”；“抒发心声、传递团结”环节用“表格调查”，而且环环相扣，条理清晰。

4. **教育性强**

在最后环节“抒发心声、传递团结”中，蔡昭萍老师巧妙地将团结合作与中考竞争联系到一起，实现了主题的突破，符合主题班会课设计的教育性原则。

但是，在引入环节的歌曲中，如果能找到更新颖的歌曲就更完美了。因为许多学生对老歌的歌词不是很熟悉，个别同学可能不会唱，甚至不愿意开口唱，这可能会影响本节课的教育效果。

主题班会课的设计原则告诉我们，班会课的思想教育不能高高在上，而是脚踏实地，须考虑学生心理与理解能力，少批评多鼓励，才能让学生在课堂上切实体悟到主题教育的功效。总的来说，在“团结你我，砥砺奋进”的同课异构中，两位老师的课堂驾驭能力都很高，设计思路各有特色，可以说是各有千秋。蔡昭萍老师的活动更加丰富，而蔡碧佳老师更侧重对学生的引导。两节课对学生的教育效果都很好，都达到了教学设计的目的，都是一节成功的体验式主题班会课。

点评5（枫溪中学　钟丽芳）

本次同课异构主题班会，我们走进的是蔡昭萍老师的课堂，同样以“团结你我，砥砺奋进”为主题。蔡昭萍老师的笑容让人如沐春风，对学生循循善诱。班会由歌曲导入和诗歌朗诵让学生初步了解团结的含义，通过体验活动让学生从中感受到了团结的力量，再总结分享自己在班集体学习生活中团结合作的感动时刻和不足之处，最终让学生明白在班集体中该如何与他人合作。建议在辩论环节充分发挥出学生的自主性，可以每组固定两至三名辩手，其他成员负责收集论点，并写在便利贴上。而蔡碧佳老师的教学内容贴近本班学生的实际情况，课堂中善于抓住学生的闪光点，在各个教学环节的推动下学生容易产生情感共鸣，生成正确认知。这正是同课异构的目的所在——和而不同，各显其美，听课者也在同异对比中积累有利于自身教学的经验。

点评 6（瓷都实验中学　郑玉霞）

蔡昭萍老师首先以跟唱歌曲调动全班热情开场，最后以合唱《相亲相爱一家人》结束，让人感到 903 班是一个和谐的班集体。

在诗意的分组朗诵《团结是什么》让学生初识团结后，开始有趣的“人体 6 大器官谁最重要”辩论赛，各位同学大胆发言，让人们明白 6 个部分缺一不可，就如集体一样，只有所有同学融合在一起才最有力量。体验活动“建塔”更是把班会推向高潮，各组同学各自发挥聪明才智，用相同材料建出“又高又稳”的塔，在成功或失败中，体验了要有明确目标，合理分工，默契配合，才会更容易成功。

“直面现实，学会团结”与“抒发心声，传递团结”环节能结合班级情况，把团结合作落实到学习生活中，并激励同学们向中考砥砺奋进，实现梦想。

这节课还有一个亮点，整节课的氛围轻松，每个发言环节或活动结束后，学生都响起热烈掌声，蔡昭萍老师有时也打趣评价，使师生的关系更加融洽，最后环节气球的集结升起，让我们对团结就是力量更有体会。

两位老师的同课异构“团结你我，砥砺奋进”主题鲜明、思路清晰、重点突出、内容丰富、形式多样，都能在一系列的体验活动中，让学生悟出团结与合作的重要性，并向未来的中考砥砺奋进。两节课都是教育性、实效性、针对性很强很好的主题班会课。

点评 7（云光中学　黄雪娟）

蔡昭萍老师的这一节主题班会活动课，准备充分，思路开阔，内容充实，整节课掌声、笑声不断，孩子们在轻松、和谐的气氛中，汲取心灵成长的正能量，升腾起对学习的热爱。

1. 渲染气氛，激发兴趣

借助歌曲、诗歌巧妙导入，全班同学合唱《众人划桨开大船》，男女生分组朗诵《团结是什么》，让学生初步感知团结的力量，并为接下来的体验活动做充分的铺垫。

2. 情境真实，体验自由

体验辩论活动“谁是最重要的”，让学生分成六个小组，分别扮演身体的各个器官，分角色辩论，颇具创意。学生体验自由，畅所欲言，进一步感悟到团结合作的重要性。

3. 深化主题，注重拓展

根据学生的年级（九年级）特征及多维目标，设置体验活动，让学生完成表格，充分发掘了学生表达、探究、合作等能力。同时，借助主题活动这个平台，让学生去感悟、去体验，从而让学生有平和的心态去理性对待以后的学习生活。

在主题为“团结你我，砥砺奋进”的同课异构主题班会课中，我们看到了思维的碰撞、情感的共鸣、素养的提升。同时，两位老师的主题班会活动课各有千秋。蔡碧佳老师的课，结合本班实际情况，内容活泼有趣，循序渐进，环环相扣；蔡昭萍老师的课，结合初三学段的特征，课堂开放，形式别致，注重主题深化拓展。

点评8（枫溪中学　佘万钿）

蔡昭萍老师这节班会课很有特色，话题贴近学生生活，活动层层递进，气球分组的设计非常有趣，特别是贯穿到最后当老师将气球汇聚在一起吊起标语时，起到了画龙点睛的作用。

蔡昭萍老师的教态自然大方，非常有亲和力，整节课的氛围非常融洽，学生的积极性得到很好的调动，在活动环节能积极参与，发言时也能各抒己见，而且非常踊跃，特别是在辩论环节，大家都争先恐后地发表自己的看法。而在直面现实的环节，学生的发言也很真挚，尤其是其中一名应该是平时很少参加集体劳动的学生，在发言时反省了自己卫生轮值缺勤的做法，表达了今后要和其他同学团结努力的意愿，获得了全班同学热烈的掌声，而且老师及时的反馈与点评也能够引发所有同学的思考，相信这种同伴间的鼓励与教育能够给所有同学带来很好的促进，这就是我们主题班会的设计初衷，通过活动引发学生主动思考，起到互相教育的效果。

抒发心声环节，除了能在课堂上激发学生们的思考，还延伸到课后，使同伴教育在课后得到持续发酵的效果。

两位老师的这两节课，都非常吸引学生，并且都将大话题落地到学生的实际学习生活上，而且两位老师对课堂生成性资源捕捉得非常好，每每都能抓住学生发言中的闪光点加以升华。区别在于蔡碧佳老师的课侧重于提高班级的凝聚力，让学生们通过活动去认识团结的重要性；而蔡昭萍老师的课程设计更侧重于引导学生在团结合作中竞争，在竞争中合作。

点评 9（阳光实验学校　李枫）

蔡昭萍老师笑容可掬，语言幽默，整节课创造出轻松和谐的课堂气氛，通过多种形式的活动体验、巧妙引导，与学生交流、沟通。课堂的最大亮点就是“直面现实，学会团结”与“抒发心声，传递团结”这两个环节相辅相成、相得益彰，将团结合作教育落到实处。一方面，对班级团结行为的正反思考，提高学生对班级团结合作精神的认识；另一方面，对团结同学的赞扬、对班级团结的想法与做法，更能让学生自觉自愿地遵守和维护自己的承诺，提高学生的自我管理能力，真正形成团结、有凝聚力的班集体。

两位老师的体验式主题班会，都能贴合班级实际情况，活动中学生参与面广，注重课堂生成性资源的利用，既很好地体现了“体验式主题班会”的基本特点，又很好地实施了班级团结教育。

学生感言

感言 1（谢艺心）

今天在我们 903 班举行了一节以“团结你我，砥砺奋进”为主题的班会课。

悦耳的音乐响起，同学们拍着手，唱着歌，在一双双笑眼的注视下，那种紧张的感觉仿佛也烟消云散。

振奋人心的朗读，斗志昂扬的辩论赛，意义深刻的讲话，让我领悟到团结的真谛。

团结是什么？是跑道上同学对你的鼓励呐喊；是尽自己所能为集体做贡献；是失意时会心的微笑；是众人拾柴火焰高；是单丝不成线，独木不成林。

同学们同舟共济、齐心协力用报纸搭起的，是团结，是友谊；那虽是报纸搭起的，可其中的情谊却如钢铁般坚不可摧。

老师、同学脸上的笑脸，与往日一幕幕笑脸重叠，绽放出花儿来，开出美丽的春天，我希望在很多很多个春天之后，我们还能记得903班这个温暖的港湾。

最后歌曲响起，903一家人就在阵阵温馨的旋律和欢声笑语中度过了一个午后。

感言2（蔡依潼）

周四，我们903班开展了一节以“团结你我，砥砺奋进”为主题的班会课。这节别具一格的主题班会让我收获甚多，受益匪浅。首先，我们全班同学一起齐声合唱了歌曲《众人划桨开大船》，“一棵小树耶，弱不禁风雨，百里森林哟，并肩耐岁寒，耐岁寒”，从歌词中就可以体会到团结的重要性。

随后我们开始了第二个环节——眼睛、鼻子、嘴巴、耳朵、手、脚谁最重要之辩论赛，大家各抒己见，辩论激烈。这场辩论赛我悟出了没有谁比谁更重要的道理：如果没有眼睛，我们无法看到这美丽的世界，如果没有嘴巴，我们无法品尝到美味的食物……所以缺少谁都不行。

接着，我们便开始了第三个环节——建塔，每个小组分得三张报纸，在五分钟内建成一个又高又稳的塔，便获胜。在这个活动中，我们小组因为分工不明确、不团结，没有明确目标，建议达不到一致，最终遗憾失败。但是，我们懂得了团结就是力量。最后，我们以全班齐声合唱《相亲相爱一家人》的形式来结束班会课。

“一人拾柴火不旺，众人拾柴火焰高。”通过这次主题班会，我们真正感受到了团结就是力量。期待接下来我们班能够更团结、更和谐、更友好。共同创造属于我们903班的奇迹。加油，903班的同学们，为两百多天后的中考砥砺奋进。

感言3（苏晓灿）

今天，在我们903班举行了一节关于团结的主题班会课。首先我们全班齐唱了《众人划桨开大船》，在高亢激昂的歌声中，我们感受到团结就是力量。

接着是一个意义非凡的体验活动——“建塔”。我在这次活动中体会到团结的重要性，我们组里的每个人都是组里的一部分，缺一不可，正如我们班一样，每个人都是班级的一部分，缺少任何一个人就无法构成完整的班级。因为我们小组中每位组员都很配合，所以很快我们就完成了。在完成的过程中，有组员提前完成了手中的任务，主动地去帮助其他人，这种互相帮助的精神，正是一种团队精神，使我们都深深感受到团结的力量。

在主题班会接近尾声的时候，我们一起唱起了《相亲相爱一家人》这首歌。唱歌的时候我觉得我们不仅是一个集体、一个班级，更是一家人。在本次主题班会上，每一位同学都深深体会到团结的力量是多么伟大，同时这次班会也让我们更加默契，更加团结成一股绳。

愿今后我们903班能继续相互帮助，相互信任，团结一致，齐心协力，共建辉煌。

感言4（苏仪）

星期四下午，我们班举行了一节以“团结你我，砥砺奋进”为主题的主题班会。一场激烈的辩论赛拉开了本次主题班会的序幕：眼睛、鼻子、嘴巴、耳朵、手和脚，哪个最重要？每组的组员都竭尽所能地辩论自己是最重要的部位，但其实缺少哪一个都是不可的。如果没有眼睛，我们的世界将是黑暗的，如果没有耳朵，我们的世界将是无声的……所以少了哪个都不行。这场辩论赛让我领悟到每个人都是集体的一分子，缺一不可，在集体中的我们要团结、和谐。

接着我们开始了第二个活动——“建塔”。每组分得限量报纸，在限定的时间内，哪个小组建得又快又稳又高，就胜利了。在这个活动中，我们分工明确、团结一致，最终获得了第一名。“建塔”这个活动使我悟得了一个道理：团结就是力量。最后，我们一起齐唱《相亲相爱一家人》这首歌曲来结束我们的主题班会。

班主任精心准备的这一节以“团结”为主题的班会课让我们获益良多，它让我感受到了什么是团结以及团结的力量有多么强大。在剩下不到一年的时间里，希望我们能更加团结一致、努力奋进，考上理想的高中，创造属于我们 903 班的辉煌。

感言 5（苏晓艺）

昨天，我们班开展了一节以“团结你我，砥砺奋进”为主题的班会课。我从中获益良多，感悟至深。俗话说得好：“单丝不成线，独木不成林。”所以，在集体中最重要的是团结，团结就是力量。

班会课的活动中使我印象最深的就是“建塔”这个环节，要求以组为单位，利用报纸做又高又稳的塔。我很紧张，害怕自己组完成得最慢，又担心搭的塔不稳……正当我脑里一片空白时，旁边的男同学说：“别紧张！我们来做摄影师拍照的三脚架。”然后我们进行详细的分工，虽然刚接到“建塔”的任务时浪费了一些时间，但是我们在这次活动中还是取得了成功。

这一节课让我领悟到，一个集体如果无法团结，即使规模再大，也是像一盘散沙，无法发挥力量；如果集体团结了，再小的集体也是强大的，正所谓，“千里之堤，溃于蚁穴”。

最后，班主任插放《相亲相爱一家人》这首歌让全班一起齐唱，那一刻，我感到 903 班就是一个团结的大家庭，凝聚着每个人心中的爱！在今后的学习生活中，我期望我们 903 班更加团结，坚韧不拔，为中考砥砺奋进！

"青春与责任"同课异构

迈向青春，责任随行

——以青春之我，担青春之责

潮州市湘桥区阳光实验学校　李　枫

教育背景

步入青春期的中学生，正处在世界观、人生观、价值观形成和发展的关键期，在这一成长时期，加强责任思想教育，帮助其形成正确的责任意识，是我们教育工作者的责任。

因此，希望能够通过"青春与责任"主题班会课，让学生们明确自己身为一名社会人所肩负的责任与担当，懂得要在自身力所能及的范围内为自己、为家庭、为集体、为社会做出应有的贡献。

教育目标

1. 认知目标

正确认识责任及其重要性，明确作为当代中学生应承担的责任。

2. 情感目标

通过各种体验活动引导学生树立正确的责任意识，坚定学生勇于承担责任的信念。

3. 行为目标

引导学生在日常生活中勇于承担责任，并能脚踏实地履行自己的责任。

教育过程

一、导入

师：同学们，人总是要长大的，这是我们都不得不接受的事实。不管你愿不愿意，长大了就意味着要承担起属于自己的责任。步入了青春，我们的肩上就扛起了需要我们背负一生并为之荣耀的责任。如何担好这份责任，是我们每个人都应认真思考的问题。这一节课，我们就一起来聊一聊关于青春与责任的话题。

二、知责

活动一：播放视频《我们向光前行》

视频梗概：伴随着振奋人心、积极向上的旋律，音乐视频《我们向光前行》向同学们展示了抗击疫情期间那些温暖而感人的瞬间。视频不仅体现了从医务人员到军人、从雷神山、火神山建设者到普通民众身上的大无畏、敢作为的责任担当精神，更展现了中国人民选择向光前行的勇气和力量。

师：看了这段视频，让你印象最深刻的画面是什么？请谈一谈你有什么感受。

生1：我印象最深刻的是当护士脱下口罩后脸上显现出很深的勒痕的画面，这让我感受到医护人员沉甸甸的责任。

生2：我印象最深刻的是医护人员签下奔赴武汉的请战书的那个画面，他们也是普通人，也怕死，但因为他们心中有责任，所以选择了去武汉保护人民。

生3：视频中的志愿者让我印象最深刻，虽然他们不能像医生一样去救死扶伤，但他们的责任感很强，也在贡献着自己的一分力量。

生4：我觉得每一个画面都让我印象深刻。每个人都是为了战胜疫情而做出自己力所能及的事情，不仅仅是在一线抗疫的医务人员，还有平凡的清洁工人和运货工人，他们都很伟大，都让我印象深刻。

师：面对疫情，有那么多人毅然决然地奔赴武汉高危区，他们冒着生命危险，终日忙碌在第一线，他们用实际行动告诉我们：做一个有责任、有担当的人，才是生命价值的体现！

（课件出示：做一个有责任、有担当的人，才是生命价值的体现！）

（设计意图：通过观看视频《我们向光前行》，让学生认识到疫情期间许许多多有超强社会责任感的榜样人物，虽然每个人的社会角色不同，却有着一份共同的社会责任与担当，用榜样的力量引导学生初步感知什么是社会责任）

师：在那场突如其来的疫情中，医护人员、人民警察和其他各条战线的工作人员各司其职、各尽其责。百姓听从指挥，每个人都承担起了自己应尽的社会责任，疫情得到了很好的控制，我们也能顺利复工、复产、复学。大家作为中学生，在疫情期间、在停课不停学期间，做了些什么呢？

生1：我在家上网课，按时完成作业，积极锻炼身体。

生2：我在家认真学习，还帮父母做家务活。

生3：我也上网课，而且我还看新闻，关注疫情的发展。

师：我们虽然不能去医院治病救人，也不能去研制疫苗，但我们在家里上网课、写作业，实际上也是另一种与病毒抗争的形式，保护好自己，是我们为社会做的一份贡献。我不是医生，我是一名普通老师，但在防疫战中，我积极配合学校，上好网课，及时上报同学们的健康情况，为抗疫贡献出自己的一分力量。防疫战从来不是一个人的战斗，没有人能置身事外，为什么这么说呢？为了让大家更好地理解这句话，老师给大家准备了一个小游戏——“多米诺骨牌”，游戏结束之后大家或许就明白了。

（设计意图：由疫情期间每个普通中国人如何在自己的岗位上承担起自己的责任的事迹，引发学生回想疫情期间自己在家里做的事情，再联系到教师本人，让学生明白：做好分内事，是履行社会责任）

活动二：游戏体验——多米诺骨牌

（1）由一名学生代表上台推倒第一块多米诺骨牌，其他学生观察骨牌产生的连锁反应（见图21）。

图 21

（2）各小组利用书本搭成“多米诺骨牌”（见图 22），观察产生的连锁反应（见图 23）。

图 22

图 23

师：我想请同学来说说当其中一块多米诺骨牌倒下之后，会产生什么样的连锁反应呢？

生：其他多米诺骨牌也一块接一块地倒下了，最后全部都倒下了。

师：第一块骨牌倾倒，后面骨牌就会依次全部倒下，那这一现象为我们应对新冠疫情带来了怎样的启示？

生 1：一个人感染了，一不注意就会有更多的人跟着感染。所以，我们要注意个人卫生，戴口罩、勤洗手。

生 2：每个人都应该在自己的岗位上尽职尽责，为控制疫情做一份贡献。如果有人懈怠自己的责任，就会影响整个局势。

师：雪崩的时候，没有一片雪花是无辜的。疫情刚发生时，个别官员瞒报、虚报疫情，失职渎职；封城之后，部分民众隐瞒病情、出逃武汉，让一场原本可以控制的疫情变成全国性的灾难。幸好我们还有那么多在自己岗位上尽心尽责的各行各业的工作者，他们担负起了自己的责任，也让我们成功阻止了疫情的蔓延。同学们，每个人都是社会中的一分子，不仅仅是在这次防疫斗争中，在所有社会生活中，每个人都有自己应担负的责任。等你们长大了，有自己的职业之后，你们要做的，就是让自己的职责匹配得上自己的身份，这样才是履行了自己的社会责任，尽了自己的义务，才能更好地推动美丽和谐社会的建设。

（出示：知责——社会责任，你我有份）

（设计意图：通过多米诺骨牌的游戏活动，让学生在游戏中体验、感悟其背后的启示，深化学生对不负责任行为造成的恶劣后果的理性认识，让学生自觉增强公民社会责任感）

三、悟责

活动三：游戏体验——板凳多米诺

（1）学生参与游戏活动（见图 24）。

游戏规则：请 8 位同学自荐参加游戏，坐在 8 张椅子上，围成一个圈后，一个接着一个地躺在后一位同学的身上，再请其他同学协助把椅子抽走。这 8 位同学能坚持至少 10 秒，则挑战成功。

图 24

师：请这 8 位同学坐在椅子上，身子向后躺倒，靠在后一位同学的大腿上，调整好姿势并保持。等会儿游戏开始，我们准备把椅子全部抽掉，看这 8 位同学能不能坚持 10 秒以上，大家认为他们能不能挑战成功？

生：能。不能。（两种声音同时出现）

师：那挑战到底能不能成功？请大家拭目以待。接下来，请大家都不要笑，参加游戏的同学身体也不要有大幅度的活动，保持好自己的姿势。我们再请 8 位同学帮忙抽掉椅子，同时留意同学的安全。（椅子全部抽走后）好，请坚持住，大家和我一起数到 10：1，2，3，…10。（教室响起一阵掌声）

师：（问参加活动的同学）大家还能再坚持吗？

生：能！

师：好，那我们再数 10 秒：1，2，3，…10。（学生完成，教室再次响起掌声）非常棒！请大家慢慢地站起来。

（2）游戏挑战成功，学生谈游戏体验。

师：当有同学不看好你们，认为你们不能完成挑战时，你心里是怎么想的？

生 1：我觉得我们可以完成。

师：那你是怎么完成的？

生 1：我倒下去时另一个同学支撑我的身体，然后我用自己的身体支撑前面的那一位同学。

师：在游戏过程中，有没有觉得身体快支撑不住的时候？

生 2：有，不过我用手努力支撑住自己的脚。

师：那你有没有想过要放弃？

生 2：没有。

师：那是什么在支撑着你坚持下去呢？

生 2：为了我们这个团体，我必须坚持住。如果我撑不住了，那其他同学也会跟着倒下的。

师：是的，当他快不能坚持的时候，还拼命地支撑住自己和前面的同学，很好地承担起了自己在游戏当中的那份责任。让我们为这 8 位同学点个赞。（掌声）

师：一开始，你觉得挑战是否能成功？为什么？

生 3：我觉得可以。因为团结就是力量，只要每个同学都能守住自己，就能够成功。

师：同学在挑战的过程中，他们辛苦支撑的身影有没有让你联想到什么？

生 4：在他们坚持不让自己倒下的身影中，我看到了他们为自己、为团队尽的一份责任。这让我联想到在集体活动中也需要我们每一个人都承担起自己的一份责任。

师：在这个游戏中，每个人都至关重要，发挥着不可缺少的作用。我们看到，每位同学都努力地做好自己，承担起对自己的责任；也努力地承受前一位同学的重量，承担起对他人的责任；抱着团队挑战必胜的强大信念，努力地承担起对团队、对集体的责任。在游戏挑战中，一旦有同学支撑不住，就将前功尽弃，影响游戏的结果。正因为大家都意识到在团队中自己所肩负的责任，共同为团队的胜利而努力，我们才能将不可能变成可能，一起坚持完成挑战。

（出示：悟责——团队合作，各尽其责）

（设计意图：通过板凳多米诺游戏，一方面提高学生参与班会的积极性；另一方面也在分享、交流游戏体验的过程中渗透情感教育，让同学们意识到团队的成功是建立在每一个成员都成功的基础上，从而增强了集体责任感）

（3）说一说：作为班级的一员，你为争创优秀班集体做了什么？

师：在校园里，我们是班集体中的一员。我相信，每个同学都希望自己能够生活在一个优秀的班集体里。我想请大家来说一说，你为争创优秀班集体做了什么？

生 1：卫生打扫的时候，我把教室打扫干净。做完自己的事情后，我还帮其他同学进行垃圾分类。

生 2：我遵守学校的纪律，不让班级因我而扣分。

生 3：虽然在班级里，我没有做班干部，承担大的责任，但我认真学习，并尽自己的所能去帮助同学们解答问题，帮助他们提高成绩。

……

师：我还想问问大家，当你看到座位周围有垃圾或是黑板没有擦时，你们会怎么做？

生：我会把垃圾捡起来，把黑板擦干净。

师：为什么呢？

生4：在班集体里，我们都是其中的一员，不能太计较。

师：说得非常好。我们都是班级的一员，都能够为班集体做自己的一份贡献。所以，建设一个优秀的班集体是不是只是班主任、班干部的责任？

生：不是。

师：那是谁的责任？

生：我们的责任。

师：是的，是我们每一个同学的责任。当我们每一个同学都能遵守纪律、好好学习、主动承担好小事，为班级服务，不仅意味着我们每个人都向优秀发展，同时也意味着我们这个班集体也在向更优秀发展！

（出示：悟责——美好集体，共担责任）

（设计意图：由团队上升到班集体，通过交流，学生分享的不仅仅是日常对班级的贡献，更是自我认可与感悟，能更好地提升对班级责任感的认知，并真正落实到行动上）

四、担责

师：一个家庭里，是谁在为家庭负责，承担起家庭责任的？

生：爸爸妈妈。

师：那我们呢？同学们可曾想过，自己对家庭也是有一份责任的呢？请大家看看下面的情景剧，看看这其中是否有你的身影？

活动四：情境演绎——家庭情景剧

（1）两组学生表演家庭情景剧。

A

小华：我吃完啦！（推椅子，起身，准备走）

妈妈：吃完了你就走啊？我等下要去单位加班，今天要你来洗碗。

小华：我不干！我也好多事呢，作业还没写完呢。再说了，咱家的碗又不归我管。

妈妈：什么叫不归你管啊？合着你就吃饭不洗碗吗？

小华：行了，你别唠叨了。不就刷个碗吗？谁刷不一样，干吗非得我刷啊？

B

爸爸：小军，我和你妈妈要去广州出差一个星期。周末你找个时间去看望一下奶奶吧！

小军：周末我有自己的活动安排，我约了同学去打球了。

妈妈：奶奶昨天还跟我念叨说好久没见你了，平日你要上学，趁周末帮我和爸爸去看望看望她吧。

小军：我的周末时间我做主，再说，你们也不该强迫我做不愿意做的事情。

（2）小组讨论。

①请你评价情景剧中这两位同学的行为。②如果你是情景中的同学，你会怎么做？③在家里，你为父母分担过哪些事？

（3）小组代表发言。

生 1：情境 1 中的同学妈妈让他帮忙做家务活，可他却不愿意，这是不可取的。如果是我，我会体谅妈妈，帮忙洗碗。在周六周日的时候，我也会做洗碗、拖地之类的家务活。

生 2：情境 2 中同学的做法是不正确的。因为父母要出差，想让他去看望奶奶，可是他却不愿意。虽然和同学约好了要去打球，也可以先去赴同学的约，然后再选择其他时间去看奶奶，因为周末有两天嘛。

生 3：情境 1 中的同学没有负起在家庭的责任，没有帮父母分担一些家务活。妈妈也很不容易，每天有那么多事要做，回家还要照顾那个同学，特别是妈妈已经说了要加班。如果是我，我会主动和妈妈说，我来洗碗。我为父母分担的事是放学的时候去幼儿园接我的弟弟回家。

生 4：情境 2 中的同学没有自己的家庭责任。关心我们的亲人，也是我们的一份家庭责任。我会先去看望奶奶，如果奶奶身体各方面都很好的话，我再去打球。在家里，我每天晚上都会帮忙拖地，我已经坚持了一年多了。

师：每个人都有自己的家，无论年龄大小，对家庭都负有责任，要有家庭责任感。爸爸妈妈是家庭的柱梁，他们每天不但忙着工作，还要做家务，他们无微不至地照顾我们，撑起了整个家。虽然很多事情我们帮不上忙，但起码应该分担一些力所能及的家务活，应该懂得关心和照顾家人。青春如我们，也应该承担起一份家庭责任。

（出示：担责——家庭责任，我应承担）

（设计意图：以贴近学生生活实际的情景剧引入讨论话题，学生在自由辨析的过程中，通过思维碰撞，既明白今后应如何面对这些两难的问题，也能利用同伴教育，内化认知，增强学生的家庭责任意识，达到良好的教育效果）

五、议责

师：习近平总书记说："青年兴则国家兴，青年强则国家强，青年一代有理想、有本领、有担当，国家就有前途，民族就有希望。"同学们，十几二十年后，这个世界将是你们的舞台，国家的蓝图将由你们来描绘，你准备好了吗？

活动五：责任规划——制定"我的责任行动指南"（见表1）

（1）请你静下心来，想一想：作为一名中学生，我们要承担起哪几个方面的责任？请在每一方面给自己提至少一个要求，勉励自己从现在起做好本分，承担起属于我们的责任，并认真规划自己的未来发展。

表1　我的责任行动指南

负责对象	我要如何做	做得怎样
对自己		
对家庭		
对集体		
对社会		

（2）学生分享责任行动指南（见图25）。

图 25

（出示：议责——晓言微举，践行责任）

（设计意图：通过“我的责任行动指南”，指导学生思考、制定个人的责任行动指南，是为了发挥班会课结束后的延续作用，让学生在实际生活中开启尽责行动）

六、班主任寄语

同学们，我们已经迈入十四五岁的青春年华，这不仅意味着我们不再是一个处处需要被照顾的孩子，更意味着我们将承担更多的社会责任与义务。所以，同学们，请给青春一个承担责任的理由：用你的优秀成绩来证明你为自己担责；用你爱国、爱校、爱家的实际行动来证明你为国家担责；用你的志存高远、执着追求、永不言弃来证明你为时代担责！

（出示主题：迈向青春，责任随行）

教学反思与建议

这一节体验式主题班会课围绕“青春与责任”这一主题，设计了知责、悟责、担责、议责四个环节，从社会责任、集体责任、家庭责任、个人责任四个方面，让学生从知、情、意、行四个维度充分认识并懂得如何做一名有责任感的青少年。本节课几经修改定型后，前后上了3次公开课，虽然都是借班上课，但课堂上学生总体表现活跃，不乏精彩言语。这主要得益于视频来源于社会热点、情景剧来源于生活实际，学生有感可发、言之有物；而几个多米诺的游戏活动都强调学生的体验，既充分调动了学生参与的积极性，也让他们在生动有趣的游戏活动中去感悟，分享心得。

体验式主题班会有别于传统课堂教师讲、学生听的模式，更注重让学生成为课堂的参与者和体验者，从而生成认知体验。那么如何让班会课更具有生成性？建议如下：

（1）课堂上要给学生充足的时间去体验活动，尽可能地让每一个学生都参与其中，学生对活动体验得越充分、越细腻，感悟才会越到位、越深刻。如活动三“板凳多米诺”游戏，如果场地合适，可以多组同时进行，让全班同学都能参与体验。鼓励每个学生畅所欲言、各抒己见，更能认识到个体对班集体的影响，进而增强班集体认同感和责任感。

（2）教师要担当起主导工作的重任，创设宽松、和谐的“说”的环境，适当引导，让学生的思维活跃起来，敞开心扉，表达思想。学生由于认知不同，理解有差异，出现了一些偏离主题的语言，这需要教师当好“向导”，因势利导。如：谈“板凳多米诺”游戏的体验感受时也有出现“团结”的“小插曲”，我们先让学生完整阐述自己的观点，表示同意、赞赏，再通过提问式谈话等方式与学生互动，引导学生明白自己在游戏中努力支撑自己和前一位同学就是责任感的体现。

（3）通过活动四家庭情景剧分析探讨缺乏家庭责任的行为，谈自己在家的表现。在小组讨论中，学生在辨析行为的对错及如何更好处理的基础上，交流其对家庭负责任的具体表现，能利用同伴进行教育，让学生有所触动，在以后的家庭生活中得到一些启发。建议提问的学生不宜过多，各小组派代表即可，以免造成课堂拖沓。

（4）最后一个环节，制定“我的责任行动指南”是班会课的拓展，要预留充足的时间给学生在课堂完成，并在课堂通过拍照投屏的方式进行展示，教师适当评价的同时把正确的观念和有正能量的做法传递给学生，让学生互相鼓励，以便更好地践行自己的责任。

（更多精彩，可扫描下方二维码获取本节班会课课件）

教师点评

点评1（枫溪中学　邱少莹）

李枫老师的这节主题班会课是借班上课，师生之间的磨合度和默契度是个考验。她的班主任专业素养和掌控课堂的能力是她能把课上成功的主要因素。这节课亮点很多，下面是最主要的两个亮点。

1. 体验性突出

本节主题班会课注重学生学习、生活的实践体验和内心感悟，充分体现体验性原则。李枫老师设置了“多米诺骨牌”、“课本诺骨牌”、“板凳多米诺”、家庭情景剧等多种体验活动，让学生在体验活动中感悟到“责任”的重要性，从而激发学生勇于承担责任的强烈意识。整节课也因为体验活动设计合理有效而使师生之间、生生之间融合性、互动性增强，教育效果好。

2. 课堂生成性好

生成性是衡量一节主题班会课优劣的重要指标。整节课李枫老师善于捕捉班会课中的生成性教育资源。不管是在体验活动后学生分享感悟时，还是在家庭情景剧表演后学生回答问题时，李枫老师都能敏锐地捕捉到学生发言中的闪光点，适时追问，循循善诱地引导学生形成关于“责任”的正确认知，达到了教育无痕的境界。李枫老师较强的班主任专业能力和语言表达能力帮她做到了这一点。

在“迈向青春，责任随行”同课异构中，钟丽芳老师和李枫老师的文案设计都是条理清晰、层层剖析，推进有序，实现了知、情、意、行的统一。

李枫老师的课堂生成性较好，体验效果较突出。

点评2（崇礼中学　蔡碧佳）

李枫老师以扎实的基本功、灵动的课堂艺术、巧妙的教学设计为我们带来一节精彩的体验式主题班会示范课。

1. 教学内容环环相扣、形式多样

这节班会课通过环环相扣的教学步骤——知责、悟责、担责、议责，创设形式多样的游戏和活动，让学生动手操作、情境思辨、思考感悟，使学生明确自己所肩负的责任与担当，懂得在力所能及的范围内为自己、为家庭、为集体、为社会做出应有的贡献。

2. 体验活动富有趣味、贴近生活

本节班会课很好地利用了“多米诺”，从多米诺骨牌到课本多米诺，再到板凳多米诺，层层推进，引导学生在饶有趣味的活动中知责悟责；情景剧表演素材接地气，贴近生活实际，能够引起学生的共鸣，起到很好的支撑作用。

3. 教师的教学基本功扎实，充分关注课堂生成性的内容

在教学过程中，李枫老师能够敏锐地捕捉到学生发言中的闪光点，及时加以肯定，并因势利导地引向本次班会课的主题。

点评3（古板头中学　刘顺勇）

李枫老师的这节班会课具有设计有序、体验有味、学习有得等特点，具体有下几方面。

1. 有序：设计上有层次感、逻辑性

认知目标、情感目标、行为目标三大目标，覆盖了知、情、意、行四个方面，符合循序渐进的育人原则与班会课的育人初衷。

2. 有味：课堂教学中有浓浓的“体验味”

(1) 视频《我们向光前行》使学生的心灵产生了强烈震撼，学生感受到：做一个有责任有担当的人，才是生命价值的体现。

(2) 多米诺骨牌与板凳多米诺活动让学生在活动中亲身体验并悟到“团

队合作，各尽其责；美好集体，共担责任”的道理。

(3) 在情景剧的表演中，让学生在笑声中获得了反面警醒：必须严肃对待家庭责任话题。在师生互动中，教师的穿针引线让学生悟到了应该承担家庭责任的道理。

(4) 在责任规划中，引导学生从对自己、对家庭、对集体、对社会等角度制作行动指南“我应该要如何做？是否做到?”，在议论中让学生懂得责任该如何去践行。

3. 有得：课堂每个环节都有理性归纳，学生有所得

四个体验活动的设计，从视听中知责；从现场亲身体验中悟责；从生活情景剧的反省中察觉担责；从行动指南中议责。每一个过程都有层层深入的师生互动，直击心扉，让学生的责任意识从模糊到清晰，最终发自内心地明白自身的责任所在，体现了课堂的育人目的。

点评4（云光中学　黄雪娟）

李枫老师的这节主题班会课，可以看得出其设计的用心、细心、尽心。班会课活动安排有序，环环相扣，层层推进，顺利达到预期的教育目标，凸显了体验的元素，选材有趣、贴近生活，学生踊跃发言，积极讨论、充分交流。这节课有几个比较突出的亮点。

(1) 引入巧妙，轻松导入主题。课前热身，课件出示网络资源——《我们向光前行》，激发学生关注的热情，轻松导入主题。

(2) 情境设置真实、有效。这节课，李枫老师创设了多个真实、有效的情境：班级文明班评比、分担家务活、照顾家人、学业规划等，让学生的责任意识在体验的过程中得到提升。

(3) 体现了学生的主体性和教师的主导性，给了学生一个充满生活气息的课堂。“问渠那得清如许？为有源头活水来”，生活即是源头活水，李枫老师挖掘学生们生活中具有代表性的实例，引导学生讨论、交流。学生在观看视频、扮演情景剧、参与游戏的过程中，充分体验、深入思考、深刻感悟，将责任内化于心，外化于行。

点评5（瓷都中学　李世龙）

“迈向青春，责任随行”是一节具有示范作用的体验式主题班会。本节班会课具有如下亮点：

（1）整节课结构严谨，涵盖了社会责任、集体责任、家庭责任和个人责任，有利于全方面培养学生的责任意识。讲课条理清晰，脉络分明，从知责—悟责—担责—议责等方面逐层推进和深化，符合学生的认知水平。

（2）精心设计体验活动，创造良好的体验情境，寓教于“体验”。教师根据主题需求和学生的身心特点，精心设计了“多米诺骨牌”“板凳多米诺”和家庭情景剧等体验活动，组织学生认真参与，并且引导他们把在体验活动中获得的启发和真情实感进行交流和分享，最后制定成“我的责任行动指南”。教师在体验活动中悄然地教会学生：在社会、集体和家庭中都要主动承担应有的责任，做一个有担当的人。

（3）语言组织和表达能力强，善于引导学生紧扣主题进行思考和感悟。在“板凳多米诺”的体验活动中，学生的感悟是多样的、不定向的，但教师通过精准到位的话语，逐步引导学生悟出：一个成功的集体需要每个个体担责，共同担责才能建设美好集体的道理。

点评6（瓷都实验中学　郑玉霞）

李枫老师的这节体验式主题班会是一节成功的示范课，我谈以下三个亮点：

（1）课堂设计巧妙。课堂首先以激昂、感人落泪的视频《我们向光前行》引入，展示了社会各界对疫情的种种反应，引领学生感知社会层面的责任。接着，在游戏体验环节，先以“多米诺骨牌”“课本多米诺”为反面教材，再用“板凳多米诺”作为正面教材，层层推进，让学生感知团队合作，各尽其责。然后以班集体的点点滴滴及家庭情景剧，让学生悟责、担责。最后落实到行动中来——责任规划。设计由大到小，环环相扣，依次推进，水到渠成，达到品德教育的目的。

（2）李枫老师的语文功底强，课堂上语言的循循善诱，把握都恰到好处，课堂上生成性的东西特别多。特别是对学生的分享、回答都能给予中肯、暖心的评价。

（3）课堂的体验味较浓。几个“多米诺”游戏及情景剧思辨，让学生在玩中学、学中玩、悟中行，课堂气氛轻松愉快，让学生敞开心扉谈，符合主题班会课的主体性、实践性原则，达到很好的育人效果。

在“迈向青春，责任随行”的同课异构中，两位老师的课堂驾驭能力都很高，设计思路各有特色，可以说是各有千秋。钟丽芳老师的课堂活动内容丰富，而李枫老师更侧重课堂游戏对学生的引导。虽然形式存在差异，但都能让学生感受到心灵的启迪，产生思想和情感上的共鸣，认识到责任的重要性，并知而后行。两节课的教育目标也都遵循了让学生感知责任—体验责任—明确责任—践行责任的过程。

点评7（益盛中学　蔡昭萍）

李枫老师针对学生责任感日益淡薄的现象设计了这一节“迈向青春，责任随行”主题班会课，通过活动引导学生明白责任的重要性。

本节班会课，内容丰富，形式多样。首先，李枫老师通过一段震撼人心的抗击疫情感人画面的视频导入主题。视频中的音乐和感人的情节，让学生感受到正因为有这些勇于担当责任的医护工作者、志愿者，疫情才能够得以控制。其次，李枫老师还用“多米诺骨牌”“板凳多米诺”等游戏体验，让学生感悟到个体在一个团体中应该承担的责任。安排学生表演家庭情景剧，让学生懂得在家庭中应该承担的责任。学生在各种形式的活动参与中受到教育，情境育人、活动育人，达到了最好的效果。

这节课思路清晰，环环紧扣，情感不断升华，感人肺腑。通过视频导入—知责（社会责任，你我有份）—悟责（团体合作，各尽其责；美好集体，共担责任）—担责（家庭责任，我应承担）—议责（晓言微举，践行责任）五个设计巧妙的环节，充分调动了学生的参与积极性，也充分展现李枫老师过硬的业务水平和文化内涵。

总而言之，这是一节富有科学性、教育性、实效性、针对性的成功的主题班会课。

点评8（枫溪中学　钟丽芳）

李枫老师的这节“迈向青春，责任随行”主题班会向我们展示了体验式主题班会是怎样把我们常念叨的“大道理”转化为学生日常的认知与感悟的过程，也展示了体验式班会课的“体验魅力”。李枫老师从知责—悟责—担责—议责四个环节层层推进，通过设计一系列活动让学生参与体验，让一个抽象的概念在学生的感悟中变得具体易懂。

本节课通过结合社会时事视频、三种形式的“多米诺”体验活动、富有生活气息的家庭情景剧以及落到实处的“责任行动指南”，让学生通过思考感悟到承担责任应表现在日常生活中的一点一滴，触动学生脚踏实地做好自己应负责之事。整节课设计脉络清晰，语言表达能力强，课堂张弛有度，学生配合参与度高，教师能在课堂及时生成教学，应变能力强。

点评9（枫溪中学　佘万钿）

通过这一节主题班会课，可以看出李枫老师有非常好的亲和力与课堂掌控能力，整节课都令学生们处于温暖、安全、尊重、真诚的氛围中；课程设计也能够围绕知、情、意、行进行活动的安排；课堂问题的设置也很有针对性与引导作用。

一开始的视频导入充满动感，有很强的时效性，符合学生的心理年龄特征，能够引起学生强烈的共鸣，而教师的提问又能够充分调动学生的思考，循循善诱引入主题。

两个体验活动的设计体现了体验式主题班会的特点，能让学生们体验并引发思考。通过参加活动学生的反思发言，激发了同学们自我省悟和自我教育的决心。教师每一次对学生发言的点评、每一次小结，也都能够很好地引导学生进行自我反思、自我总结，对学生的思想品德提升起到很好的促进作用。

两个情景剧，生动活泼、符合学生的年龄特征，而部分同学观看后的发言无不显示出他们是有所触动、有所感悟的。特别是通过多个小组代表的发言，主动承担责任的意识明显成为同学们的团体意识。这种在分享交流的互动过程中形成的团体意识对学生们的影响也将更加久远，也是体验式主题班会的魅力所在。

最后的责任规划，也是班会的延伸。通过这节课充分的体验和感悟，学生们不仅能够写好规划，也能更好地将这节课的体会落实到今后的行动中。

学生感言

感言1（洪致熙）

今天，我们上了一节以“青春与责任”为主题的班会课——“迈向青春，责任随行”。通过这节课，我对“责任”有了更深的认识。

一开始，老师引导我们观看了视频《我们向光前行》。视频中，医护人员奔赴前线，摘下口罩后那布满青紫勒痕的脸庞；工人们日夜赶工以血肉之躯筑起了防疫的“钢铁长城”——火神山医院；乘务员尽忠职守，给老人送去爱心口罩……这些画面都让我印象深刻。无数默默无闻的工作者们一起用他们的赤子之心堆砌出了以“责任”为名的安全壁垒，在那个艰难的冬天里，温暖了无数人的身心。

接着，老师为我们准备了多米诺骨牌的小游戏。在原来稳固的结构上，只要推倒了一个骨牌，其他的也随之轰然倒塌。这不正像我们吗？疫情当前，我们每个人都是社会的一分子，即使是作为青少年的我们也要承担起属于我们的责任。虽然我们的力量微弱，但是我们可以做好“少聚集”“勤洗手”等小事，对自己负责，也对社会负责。

最后，同学们精心准备的家庭情景剧让我们认识到了父母的艰辛，也使我下定决心要承担起家庭的责任，做好家庭的“小主人”，让父母少一分操心，多一分欢心。

不管是勇往直前的抗疫医疗队员、无私奉献的志愿者，抑或是辛勤劳动的父母，他们的身影在我脑海中早已镀了一层金光。这光芒，正是责任的光芒！我暗暗下定决心，要扛起肩上的担子，要用我的青春奏出一曲所向披靡的奏鸣曲，让世界听见责任的声音。

感言2（谢师翰）

每抹湛蓝拼接，绘出瑰丽天空；每滴水珠汇聚，合为浩瀚海洋；每份责任集聚，构筑和谐社会。迈向青春，责任随行，团结一致，有责有担。

上周五，李枫老师为我们带来一节关于“青春与责任”的体验式主题班会，让我收获良多。

刚开始我们观看了《我们向光前行》的视频。视频中，医护人员义无反顾地签下请战书，人民警察坚守岗位，病患配合医生安心治疗，大家各司其职，他们用自己的行动诠释了责任的意义。游戏“多米诺骨牌”，一着不慎，满盘皆输。小到个人、大到团体的力量，正是大家团结一心，担起责任，才构成了疫情中一道道靓丽的风景线。

在板凳多米诺游戏中，我们真实地体验了团体中责任感的重要性，对责任有了更深的理解和感悟。在班里同学生动演绎的两组家庭情景剧中，我懂得了责任需从小担起，我们要为家庭贡献自己微小力量，为担负更大的责任奠定基础。

这节主题班会课给予了我许多新的体会，也引发了我对于“青春与责任”更深的思考。我懂得了——青春伴责任，责任随青春，责任担我肩，才谓青少年！

感言3（许译诺）

“责任与青春相随，每个人心中都要有一份责任。请对家人负责，对身边的人负责，更对自己和自己的未来负责。”这是在上了李老师的班会课之后，我对“责任”的理解和思考。

老师以一则抗疫短片《我们向光前行》开始了这节课，短片中记录的医护人员和志愿者们在国家危难之际毅然决然地选择了逆行抗疫，用生命与行动诠释了责任与担当。其中，令我印象深刻的是那张用黑笔签下姓名、用红泥印下指纹的请战书。这份请战书昭示的便是一份责任。李老师通过视频让我们明白，正是因为有这些默默承担并认真履行自己责任的人们，正是因为他们肩负起历史的使命，我们才打赢了这场疫情防控阻击战！

课堂上，“板凳多米诺”游戏使我更真切地感受到一个人在集体中担好自己的责任是多么的重要。同学们在家庭情景剧中生动形象的演绎使我想起在家中的自己，我不由得开始反思自己在家中是否有担起一份责任，为父母分担压力。

“迈向青春，责任随行”，李老师精彩的讲解使我对责任的担当有了更深的理解，也学会了如何在日后更好地担责。

迈向青春，责任随行

——我的青春，我的责任

潮州市枫溪区枫溪中学　钟丽芳

教育背景

责任担当是学生发展六大核心素养之一，负责任是对现代公民最基本的道德要求。因此，让青少年学生明确自己应承担的责任，做人做事，为自己负责，为别人负责，为社会负责，是我们追求的目标，也是加强社会主义精神文明和构建社会主义和谐社会的根本需要。

本班目前处于初中二年级，他们都是处于青春期的学生，自我意识和独立性逐渐增强的同时责任意识逐渐淡薄。鉴于此，以“青春与责任”为主题的班会应运而生。希望全班学生共同健全班级的责任制度，同时也希望每一位学生树立正确的责任意识，勇于承担责任，不断地锻炼自己履行责任的能力，为今后的学习和工作做好准备。

教育目标

1. 认知目标

理解责任的含义，明确在学习生活中学会承担责任的重要性。

2. 情感目标

激发学生树立良好的责任意识，做一名有责任心的人。

3. 行为目标

学会承担责任，并在具体的学习生活中勇于承担自己的责任。

课前准备

（1）准备好活动所需的场地、道具、多媒体资料等。

（2）将学生分成五个小组，每组桌面摆放好不同颜色和形状的便利贴以及要用的表格单。

（3）剪辑本班日常生活片段和宣誓的视频。

（4）在黑板上设置“一棵树”的板块。

教育过程

一、游戏导入——知责任

游戏1：责任桥

师：看见这么多老师，同学们高不高兴？

生：高兴。

师：我想今天同学们将是我们整个课堂的焦点，让我们一起用热烈的掌声欢迎在座的各位领导和老师们，也给自己鼓鼓劲。

（鼓掌）

师：好，开始上课。

师：听说咱们班的同学都非常喜欢做游戏，对不对？

生：对。

师：那我们今天就一起来做一个游戏，游戏的名字叫“责任桥”，这是一个勇敢者的游戏。出示图片（图略），我们先来看看本游戏的规则。我需要10名勇士，谁想到前面来试试？

（学生在观望）

师：没事的，不要有心理负担，只是一个游戏的尝试。我看到这位同学了，好的，你的同桌也一起是吧？

（学生举手，跃跃欲试，见图 26）

图 26

师：好的，这位同学主动跑过来了。同学们都争取时间，踊跃参与进来。好，那我们的勇士已经集合完毕。我们还需要 10 名护手和 10 张凳子，请前排的 10 位同学来当我们的护手。10 位勇士请就位，请顺次坐好围成一个圈。请听我的口令，前一位同学轻轻把你的身体上半部分躺靠在后面同学的大腿上。都准备好了吗？

生：好了。

师：我们的挑战即将开始，同学们，你们觉得他们的挑战会成功吗？

生 1：不会！

师：认为不会的同学，你能说说为什么吗？

生 1：没有为什么，就是觉得不会吧！

师：我们给点掌声鼓励这 10 位勇士吧。

师：认为会的同学，你能说一下为什么吗？

生 2：会！我相信他们。

师：好的，谢谢你。那我们拭目以待吧，请勇士们听我口令，把双手放在前面的同学的肩膀上，预备开始。请护手们把他们屁股下面的凳子快速地抽出来。注意不要碰到勇士们，好了吗？勇士们撑住啦，我们开始倒数 10 个数，10，9，8，7，……

（鼓掌）

师：还撑得住吗？

挑战者 1：可以的，很简单。

师：那我们来增加难度，全部勇士顺时针走 5 步，预备开始。哇……厉害了，好的，我们的挑战成功！

（鼓掌）

（教师在旁巡视，强调注意安全，见图 27）

图 27

师：各位勇士请留步，我来采访一下这位同学，在游戏中你为什么老是拽住他呀？

生：怕他。

师：怕什么啊？

生：怕他摔倒了。

师：好，那我可以看出你们对这个游戏还是很渴望成功的，是不是？

生：是呀。（开心地笑）

师：那根据游戏的规则，谁是第一个？哦，这位同学，你在游戏中有什么特别的感受？

生：脚酸。

师：脚会很酸是吧，那是什么让你坚持下去了啊？

生：是其他同学。

师：是其他同学让你坚持下去了，我能理解为你们都想让彼此坚持下去，渴望游戏的成功吗？

生：可以，我们是希望游戏成功的。

师：在这一个游戏中，我们每一个同学都是重要的一员，如果其中有一个同学掉下去的话，那这个游戏就失败了，这座桥就垮了，所以每一个同学都肩负着游戏是否成功的责任，也肩负着每一个同学安全的责任，在这一个游戏当中，我们可以看到责任是很重要的。你们赞同吗？

生：赞同。

师：那我们今天就来谈谈责任这个话题吧。

（设计意图：采用游戏“责任桥”导入本课主题“青春与责任”；通过游戏引出责任的话题，并理解责任的含义：一是分内该做的事情，二是没有做好分内的事应当承担的过失。责任有两个方面：一方面是要去做，另一方面是要做好）

游戏2：猜一猜（出示图片）

师：首先，责任是什么？它指的是分内应该做的事情，是没有做好分内的事，而应当承担的过失，责任心是自觉地把分内的事做好的心情。我们每个人都有不同的责任。而负责任就是不仅要去做，而且要做好。

接下来老师还要跟你们玩一个小游戏，根据他们的职责，老师给出两个提示语，猜一猜他们是谁。

师：第一个，他是老师的得力助手，同学的好伙伴。他在检查卫生的时候，有一件事情让老师觉得特别的感动，就是他把遗留在我们公共区域的垃圾揣进裤袋里带走，你们能猜得出他是谁吗？

师：看看他的背影，有的同学猜出来了是吗？

生：×××。

师：没错，他是我们班的×××同学，他值日时的工作做得相当认真尽责是吧？

生：哇……点赞，点赞。

师：第二个，他们神圣的职责是为我们的安全保驾护航。

生1：护士。

生2：医生。

生3：钟南山院士。

……

师：是的，我们把他们称为医护人员、白衣天使。好，第三个：一个个陌生的面孔，熟悉的笑容，他们的口号是“爱心献社会，真情暖人间”。

生：志愿者。

师：我们可以从他们鲜艳的红色衣服中看出来，是吧？下一个也可以来关注服装。

师：有些人看到他们深蓝色的制服，感到温暖；有些人看到却感到震慑。保证人民群众的财产安全是他们的天职。

生1：警察。

生2：公安。

……

师：人民警察一下子就能够猜出来了，你们很厉害哟。

师：我们根据这些人的职责，能够很快地把他们猜出来了是不是？所以，无论是我们班的这位同学还是医护人员，无论是志愿服务者还是人民警察，他们在自己的工作岗位上都用自己的实际行动诠释着他们所承担的责任。

生：赞同。

师：那么这种对事情敢于负责、主动负责，这种自觉态度，主动做好分内分外一切有益事情的精神，就是我们所要学习的责任心。责任心，是指个人对自己和他人、对家庭和集体、对国家和社会所负责任的认识、需要、情感以及与之相应的行为及承担责任和履行义务的自觉态度。这是一种对事情敢于负责、主动负责的态度，一种自觉主动地做好分内分外一切有益事情的精神状态。

（设计意图：每个人都肩负着不同的责任，通过一系列图片让学生猜猜不同的人物角色在自己的工作岗位上用行动诠释着自己的责任，并引出了责任心的定义。让学生知道：角色不同，岗位不同，责任也不同）

二、解读角色——明责任

（一）谈角色

师：如图（图略）所示，他们都是各行各业的人员，在自己的岗位上尽心尽责地扮演着自己的角色。我们在生活当中也承担着不同的角色，在不同的岗位上，我们所承担的责任也是不同的，那我们都有哪些角色呢？

（学生思考中）

师：就拿老师来讲，我在我的家庭当中，作为我父母的女儿，我应该要孝敬赡养他们；作为一名母亲，我要抚养教育我的子女；在学校，我是一名老师，所以教书育人是我的本职工作；立足于社会，我是一名中华人民共和国公民，自觉遵纪守法是我作为一名公民的基本要求。对于同学们来讲，你们又有哪些角色要承担哪些责任呢？

师：好，我们小组内的桌面上有一张纸条（表2），我们可以参照这一个“我是谁？我要做什么？”来谈一谈你有哪些角色，需要承担哪些责任。每个小组讨论一下，派一个或者两个代表来谈一谈。

表2

我是谁？ 我要做什么？	对于社会来说，我是……；我（要）应该……
	对于爸爸妈妈来说，我是……；我（要）应该……
	对于枫溪中学来说，我是……；我（要）应该……
	对于203班来说，我是……；我（要）应该……

（设计意图：通过教师的自我角色定位和各角色所担当的责任，引导学生说出自己所在角色中应尽的责任。这些不同的角色组合在一起就变成了一张我们的“责任身份证”。）

师：好，请我们第一组的同学谈一谈。

生：对于××中学来说，我是学校的学生；对于祖国来说，我是祖国的一员；对于社会来说，我是社会的一员；对于我自己来说，我就是我。

师：那么这些角色当中，我们对应地要尽哪些责任呢？如对于你父母，你是他们的孩子，那你需要做什么呢？

生：孝敬父母。

师：你是家庭的成员，那你在家庭当中应该怎么样呢？

生：主动分担家务活，做自己力所能及的事情。

师：那作为我们203班的一员呢？

生1：争做同学们的榜样，刻苦学习，遵守校规校纪和校规校训。

生2：作为中国公民，我们应该遵纪守法，作为社会的一员，我们应该遵守社会公德。

师：好的。其他小组的同学准备好了没有？哪个小组先来？

师：好，请我们第四组的代表。

生：对于爸妈来说，我是他们的孩子；对于枫溪中学来说，我是一名学生；对于我的祖国来说，我是一名普通的公民；对于我自己来说，我是普通人。

师：是，对于我自己来说，我是一名普通人，我们都是普通的人，对吧？但是我们可以做好自己本质的工作，成为不普通的人。好，同学请坐下。就像刚才我们两个小组的代表所说的一样，我们在学校是一名学生；在家里，我们是父母的子女；在社会，我们是一名公民。我们承担了不同的角色，而这不同的角色就组成了我们的一张责任身份证，每个人的身份证都有所不同。让我们一起来看看下面这个视频中的这些人，在他们的青春岁月里又承担起了哪些责任？

（播放短视频）

（二）谈榜样

师：短视频当中呈现的这些青年，在他们的青春岁月里边，他们承担起了自己的责任，他们是勇担当、肯奋斗、拼搏进取的好青年，是中国的好青年。在我们的日常生活当中，也有很多关于责任心强的人做的事。之前有让同学们去收集类似的一些资料，现在我们小组内可以把自己收集到的资料整理一下分享给大家。

（设计意图：出示视频和学生分享自己收集到的身边富有强烈责任心、敢于担当的榜样事例和视频资料，增强学生对责任心的感悟）

生1：我讲的是20世纪初一位美国意大利移民曾为人类精神历史写下光辉的故事。他经过艰难的考验，积蓄了一笔钱，开办了一家小银行，但是银行遭遇抢劫导致他破产。当他带着妻子和四个儿女从头开始时，他决定偿还那笔天文数字般的承诺，所有的人都劝他没必要这样做，因为这不是他的责任，但他的回答是也许在法律上他没有责任，但在道义上他有责任，所以应该还钱。他偿还的代价是39年的艰苦生活，直到寄出最后一笔债务，他感叹道，他终于一身轻了。他用一生的辛劳和汗水完成了自己的责任，给世界留下一笔真正的财富。

生2：一名公交车司机行车途中突发心脏病，在生命的最后一分钟里，做了三件事：

——把车缓缓地停在马路边，并用生命的最后力气拉下手动刹车闸；

——把车门打开，让乘客安全地下了车；

——将发动机熄火，确保了车和乘客、行人的安全。

他做完了这三件事，安详地趴在方向盘上停止了呼吸。这名司机叫黄志全，所有的大连人都记住了他的名字。

生3：我分享一首小诗，“挂在嘴上/不如记在心上/记在心上/不如扛在肩上/它不一定/能使你的前程灯火般辉煌/但一定会/给你一份厚厚的人生重礼”。

（教师注意倾听学生的发言，及时给予肯定回答）

师：谢谢同学们的分享。为什么我们要有责任心？责任心能够带给我们什么？带着问题我们来聚焦这组快闪。

[先出示几则招聘启事的快闪图片（聚焦“责任心”）]

（三）思考

师：在生活当中我们经常看到招聘公告，而在这一批招聘公告当中，应聘的第一个条件是具备良好的思想道德修养和强烈的事业心、责任心，为什么用人单位要把责任心作为招聘的首要条件呢？

师：显而易见，责任心对人格的培养和事业的成就起着不可估量的作用。正如美国品德教育联合会主席麦克唐纳所说：“能力不足，责任可补；责任不够，能力无法补；能力有限，责任无限。”

师：责任，它就在我们的身边，随手捡起一张纸一根线，自觉地遵守交通规则，自己的事情自己做，这些举手之劳的小事其实就是责任。责任很大，要从身边做起；责任很远，要从现在做起。我们作为学生，除了在家里面为父母承担力所能及的家务，还要承担学校、班级、个人的责任。那我们应该承担哪些责任呢？怎样能更好地承担起自己的责任呢？在班级当中我们经常会遇到以下的一些情况，那么我们根据这三个情境分别来说一说，如果遇到这些情况，我们应该怎样做比较好？

三、模拟情境——辨责任

（一）强化责任

1. 责任，先集体后个人

出示情境：早读，老师检查背诵情况，小红没有完全背熟，但还是先去打扫卫生区域，同学提醒她老师要检查，她坚持说打扫卫生区域是她的责任。

讨论：如果你是小红同学，遇到这种情况会怎样？

引导小结：责任，先集体后个人。

2. 责任，不能严分彼此

出示情境：早上小逸和小凯来到学校停放自行车车棚的地方，小逸发现前面来的同学把自行车摆放得歪歪扭扭，就把自己的和前面的几台自行车都摆正。而小凯却认为今天不是自己值日，不必去理会，等轮值的同学过来就自然会摆好全部自行车，随便停好自行车就走了。

讨论：他们的做法对吗？为什么？

引导小结：责任，不能严分彼此。

3. 责任，该出手就出手

出示情境：体育课后，小明看见小亮手里拿着一瓶矿泉水，就叫站在讲台上的小亮把矿泉水扔给他。小凯觉得这样扔过去挺危险的，想制止，可他又觉得玩玩也没事，就走开了。结果，矿泉水瓶砸到了小明的同桌，该同学甚至出现了轻微脑震荡。

讨论：小凯当时该怎么做？为什么？

引导小结：责任，该出手就出手。

（设计意图：通过辨析讨论，让学生进一步明白哪些行为才是真正负责任，增强学生的责任意识）

生1：我们选择情境一，遇到这种情况我们会先去打扫卫生。因为打扫卫生是应该做的事情，背诵的内容我们可以跟老师说明情况，打扫完之后再去背诵也可以。有时候要先集体再个人。

师：那么也就是说我们遇到一些事情的时候要先顾全大局，然后再来考虑个人，是吧？

生：是的。

生2：我们选择情境二，两个同学当中，其中有一个同学的责任心看起来没有特别的强烈，我觉得应该可以把前面的几个同学的车先摆好，适当减轻值日生的负担。

师：也就是说我们可以做一些自己力所能及的事情，帮忙先承担一些责任，是吗？

生：是的，可以互相帮忙。

生3：在第三个情境里，我们会及时制止他。

师：及时地提醒他，该出手的时候就得出手，是这个意思吧？

生：对的。因为很危险，及时提醒可以防止出现问题。

师：也就是说有时候我们的责任，可以先集体后个人，它是不能分彼此的。自己力所能及做的事情，我们要及时地承担部分的责任，不用分得那么清楚，责任应该是该出手的时候就出手。

生：是的。

师：在班级当中我们理应如此。谈到个人责任，老师想跟同学们分享这个短视频。

（二）细谈责任

（播放动画视频《责任的十字架》）

师：其实我们每个人每一天都背负着各种各样的“十字架”，在艰难中前行。而这个“十字架”可以象征很多东西，它也许是我们的学习，也许是我们必须承担的责任和义务。正是这些责任和义务，构成了我们在这个世界上存在的理由和价值。所以，请不要埋怨学习的繁重、生活的劳苦。因为真正的快乐，是挑战后的结果，没有经历深刻的痛苦，我们也就体会不到酣畅淋漓的快乐！

正如梁启超所说的：“人生须知负责任的苦处，才能知尽责任的乐趣。”

（出示图片：人生须知负责任的苦处，才能知尽责任的乐趣。——梁启超）

（设计意图：利用动画视频让学生领悟责任无处不在，要勇于承担起自己的责任）

四、畅谈青春——承责任

师：雏鹰深知自己守卫蓝天的责任，于是展翅高飞，谱写出搏击长空的壮阔；梅花明白自己点缀严寒的职责，于是顶着霜雪，向世人绽放笑容。此刻，作为初二学生的我们，备战中考是我们应该承担的最重要的责任。我们无须阔谈保家卫国、舍生取义，不必奢谈拼命硬干地专攻科技，也不必为家人的生活奔波操劳，但我们同样有着自己特定的责任——学习的责任——备战中考！

师：让我们一起重温本班“中考百日宣誓”的宣誓短视频。

师：让我们再次把自己的宣誓词大声说出来吧，全班起立宣誓。

生：起立宣读。

师：莎士比亚说过：“一个人要是在他生命的盛年，只知道吃吃睡睡，他还算是什么！”生命很珍贵，人的一生只有一次。谁该对我们自己的生命负责任？答案只有一个——自己。换个角度来问：谁能够对“我”不负责任？答案也只有一个——自己。

（出示：向今天负责的人，才是对自己负责的人）

（设计意图：通过重温学生的宣誓誓词和短片，升华学生的学习责任心，明确自己的学习责任，落实自己现阶段的任务并勇于承担自己的责任）

师：请同学们把目前最想努力完成的事写在责任树叶上，并把它贴在黑板上的责任树上。

（学生在责任树上认真写下自己最想努力完成的事，见图28）

图28

（学生将“责任树”粘贴在教室的后黑板上，见图29）

图29

（设计意图：落实学生的责任小目标，激发学生的责任内驱力，并在具体的学习生活中勇于承担自己的责任）

五、班主任寄语

师：一个对社会负责的人必是个高尚的人，一个负责任的民族必是高尚的民族。当人人负起自己的责任，我们的社会会变得更美好！在自己生命的春天，从小事做起，自己的事情自己做，不会的事情学着做！作为学生，我们现在的责任就是学习，为往后的自己负责！在距离中考首战仅有两个月的时间里，我们要惜时苦学，扎实高效，勤学善思，永不言弃，以优异的成绩回报父母，让责任的青春绽放光彩！

师：这节课先上到这里，谢谢大家。

教学反思与建议

本节课安排了四个环节，分别是知责任、明责任、辨责任、承责任，希望全班学生共同健全班级的责任制度，同时也希望每一位学生树立正确的责任意识，勇于承担责任，不断地锻炼自己履行责任的能力，为今后的学习和工作做好思想上的准备。对本节课我做出如下几点反思与建议：

（1）本班学生的学习能力参差不齐，纪律性比较差，造成课堂的师生配合度不高。同时面对听课老师，学生存在窘迫，不敢大胆发言，造成教师“推”着学生的现象。建议：课前疏导学生的紧张情绪，在游戏环节把控好课堂纪律。

（2）在“谈角色”环节的问题设计出现重复，范围过大。建议：把问题设计得更有指向性，可以把角色与责任合成一个问题，从社会、家庭、学校、个人四个层面来整合。

（3）在设计环节中采用的视频过多，所以建议将《责任的十字架》的播放速度调快一倍；教学环节中教师录播的“招聘小故事”建议删掉，此环节修改为剪辑快闪播放，聚焦“责任”；在“谈榜样”环节的小视频建议放慢播放节奏。

（4）在学生分享收集资料方面指导不到位，在课堂上采用学生朗读的形式太占用时间，资料更多侧重于社会责任方面。建议直接投屏或者直接展示，同时要指导收集资料的多样性，教师也可以课前收集资料，及时补充多元化资料。

（5）课后延伸方面做得比较到位，在书写自己的责任小目标和建设班级“责任树”方面全部同学都能积极参与并完成，并努力实现了小目标。

（更多精彩，可扫描下方二维码获取本节班会课件）

教师点评

点评1（枫溪中学 邱少莹）

这节主题班会课，钟丽芳老师从一个多月前就开始着手准备，经过工作室的集体磨课和她自己一次次精益求精的修改，才有了最终这份定稿。当我看到她的终稿设计时，内心是欣喜的。钟丽芳老师的文案设计有下面两个特点。

1. 条理清晰，推进有序

整节课钟丽芳老师设置了四个环节：游戏导入，知责任——解读角色，明责任——模拟情境，辨责任——畅谈青春，承责任。每个环节紧紧相扣的同时又有序推进，通过这四个环节，让学生明白什么是责任以及为什么要负责任，紧接着让学生懂得在日常的学习生活中怎样成为一个对自己负责、对他人负责、对社会负责的人。这样的教学设计遵循教育规律和学生心理规律，能更加高效地实现教学目标，最终达到育人的目的。

2. 针对实际，具体有效

责任很大，但要从身边小事做起；责任很远，但要从现在做起。为了让学生明白怎样才能更好地尽责任，钟丽芳老师在“模拟情境，辨责任”这个环节，设置了和学生日常生活息息相关的情境思辨题目，让学生懂得在班级生活中如遇到两难情境，应懂得“责任，先集体后个人”“责任，不能严分彼此”“责任，该出手就出手”，这样的情境思辨既针对实际，又具体有效。

不足之处：视频数量多，占用较长时间；体验活动少，且未能做深做透。

点评2（古板头中学 刘顺勇）

听说钟丽芳老师为了准备这节体验式主题班会，从春节期间就已经开始构思，还与同课异构的李枫老师进行了多场磨课，可谓是做了精心的准备，这种精神是很值得学习的。总的来说，这节课的组织是有条理的，内容是充实的，课堂是高效的，是一节成功的示范课。个人认为本节课有以下几个亮点。

1. 循序渐进，环环相扣

课堂从“知责任”到“明责任”、从“辨责任”到“承责任”，水到渠成，激发了学生对自身责任范畴的思考，体现了课程育人的效果。

2. 设计比较接地气

在体验课的基本原则上，充分考虑了学生的主体性，围绕学生的校园生活来展开设计，对于低年级的学生来说，这样比较容易理解教师意图，有利于师生的对话。例如，在开始就采用了游戏“责任桥”激趣引入，接着用“看图猜人”来指出不同岗位具有不同责任，再让学生现身说法来谈责任，很有逻辑性，也体现了以生为本的教育原则。

3. 目的指向明晰，侧重对青少年学生的责任启蒙

本课的主题是“青春与责任”，在最后用中考百日宣誓视频，点燃了学生对自己人生的思考，达到了既要有对他人、对社会的责任感，也要不忘初心，对自己负责，大胆追求自己的梦想。

当然，这节课也有一些可以再改进的地方。如：教学内容偏多，影响对课堂进度的掌控；浅尝辄止的体验也很难充分激发学生内心深处的思想共鸣。建议做适当的取舍。

点评3（阳光实验学校　李枫）

钟丽芳老师的这节主题班会课准备充分、内容充实、讲解透彻，是一节成功的示范课，具体有以下几个亮点。

（1）本节主题班会课设计了四个环节，层层递进，环环相扣，引导学生充分认识责任的重要性并懂得作为中学生也应在学习生活中承担起自己的责任。

（2）精心设计活动过程、用心挑选素材、制作课件，根据学生实际设计班会课内容，课堂上及时引导学生形成正确认识。

（3）班会活动注重以学生为中心，从课前学生搜集身边的责任故事到课堂上“责任桥”“责任身份证”“情境思辨”“责任树”等活动，都强调了学生的体验，既调动了学生参与的积极性，也让他们在有趣的游戏活动和激烈的思维碰撞中感悟责任的重要性，正确认识并增强责任意识。

(4) 班会课能及时对学生进行引导，促其升华，做好行动的落实，巩固教育成果。通过“写责任树叶”“贴责任树”这一环节，帮助学生重新思考成长过程中需要承担的责任，将思想认识转化为实际行动，从而达到课外延伸的目的。

点评4（益盛中学 蔡昭萍）

钟丽芳老师的这一节主题班会以游戏形式引入主题，激发了学生对这节课的学习热情。

本节主题班会思路非常清晰，引入自然。知责任、明责任、辨责任、承责任四个环节设计巧妙，匠心独具。在知责任这个环节用游戏导入，通过10位同学参加的游戏引入什么是责任。整个班会课中各个环节都能依照主题有序进行，一步步地扣紧主题。同时，发挥学生的主体作用，以学生为中心，让学生观察和表演，在参与活动中体会责任意义。

这节班会课，内容丰富，形式多样，将游戏、视频、讨论、朗读、名言等融入其中，使整节课气氛热烈。特别是在“明责任”这个环节中，同学们都能如实地说出自己的角色转换所要勇于承担的责任，这就是本节课的学习目的，也体现了本节课设计上符合学生身心发展的特点，学生能通过这样的教育活动认识自己、对照自己，培养自己更加健康的人格。

点评5（枫溪中学 佘万钿）

钟丽芳老师的这一节主题班会课能够针对本班学生具体实际情况进行活动的设计，内容层层推进，几个环节逐步上升、逐步整合，充分体现了知、情、意、行的班会课设计理念。

猜角色与模拟情境环节中，学生们在学校参加值日时的一张张照片体现出钟丽芳老师平时对学生的关心与关注，也很好地调动了学生们的情绪。这些身边的人和事更能够引起学生们的共鸣与思考，而这些同龄人的榜样作用无疑也是非常巨大的，同时也使学生的主体性得到了充分的体现。在小组分享、讨论与发言的环节，学生踊跃发言，积极讨论，充分交流，老师也能充分调动学生们的参与，进一步发挥学生的主体性。责任树的设计，也极大地调动了学生们的积极性，很多学生都能非常积极地书写自己的目标，让这一节课的学习目标得到进一步的升华。如果这一个环节在课堂上能多提供点时间让学生有更多机会表达自己的观点，想必效果会更好。

点评6（瓷都实验中学　郑玉霞）

钟丽芳老师的“迈向青春，责任随行”的主题班会课，主题鲜明、思路清晰、内容丰富、形式多样。首先通过紧张刺激的“责任桥”游戏导入，接着用图片猜测角色调动学生参与的热情，然后老师以自身为例，和学生一起谈角色明责任，再以视频、榜样故事、情境思辨、“责任树”承责任等活动，由浅入深，环环紧扣，使学生在活动中感受到责任的重要性，并懂得如何做才能树立正确的责任意识，勇于承担青春的责任。

令我印象最深的是“招聘启事”的快闪播放，为何所有用人单位都会把条件聚焦在“责任心”上，可看出具备责任心的重要性。在“情境思辨”及视频《责任的十字架》环节中，学生能够更好地感悟负责任的内涵以及该如何承担自己青葱岁月的责任与义务。最后环节引入本班中考百日宣誓视频，唤起学生的归属感，“责任树”也充分体现这次主题班会课教育的延续性。这是一节教育性、实效性、针对性很强的主题班会。

点评7（崇礼中学　蔡碧佳）

班会课是班主任对学生进行德育教育的主要方式之一，也是促进学生进行自我教育的有效途径。一节好的主题班会课，要做到三个“实”——目标落实、内容充实、情感真实。钟丽芳老师这节关于“青春与责任”主题的班会课，就做到了这几点。

首先，这节班会课以引导学生学会承担责任、勇于承担责任为主要目标。钟丽芳老师通过知、明、辨、承四个环节层层推进，让学生感知责任的内涵，明确每个人都有不同的角色和责任，学会辨明什么才是真正的负责任，从而学会承担责任，很好地落实了教学目标。

其次，形式多样的活动令这节班会课充实又有趣，如开场的“责任桥”小游戏，课中的中考百日宣誓，最后的“责任树”设计活动，都能够很好地激起学生的兴趣，使他们参与其中，逐步领悟自己应当承担的责任。

最后，钟丽芳老师能够从本班学生的实际出发，选取班级日常生活的片段作为教育素材，引起学生共鸣，没有刻意的说教，只有走心的情感交流，让学生从中有所思考、有所感悟、有所收获。

点评 8（瓷都中学　李世龙）

钟丽芳老师精心准备和筹划的这节体验式主题班会课在她亲切、温柔的声音中结束了，但它给我带来的头脑风暴还远没有结束。认真复盘了整节班会课，有以下三个亮点：

1. 主题鲜明，针对性、时代性和教育性强

针对学生责任意识普遍淡薄的现象，适时举办“迈向青春，责任随行”主题班会，针对性很强；责任担当是中国学生发展六大核心素养之一，负责任是对现代公民最基本的道德要求，这节班会课对教育学生承担责任具有很大的教育意义，时代性和教育性很强。

2. 程序清晰，环环紧扣

这节主题班会设计了五个环节，其中有体验活动、讨论活动、辨析活动、视频图片展示等，内容丰富，精彩纷呈，并且注重了主题班会教育的延续性。整节班会给学生呈上饕餮大餐，让学生在大快朵颐中不断升华情感。

3. 有别于传统的“灌输式”班会

班主任不是“一言堂”，学生不只有洗耳恭听。这节班会形式新颖多样，知责任—明责任—辨责任—承责任四个部分的体验活动设计巧妙，匠心独具，充分展现了钟丽芳老师对体验式主题班会的学习和研究水平。

点评 9（云光中学　黄雪娟）

钟丽芳老师的这节主题班会课，根据自己班里学生的实际情况进行设计，课前准备充分，课件精美，内容丰富，形式多样，环环相扣，具有针对性和实效性。

（1）主题明确，内容充实，符合班级实际，贴近学生现实。如游戏“责任桥”“猜一猜”活动（展示身边值日生图片），选取的材料贴近学生生活实际，榜样的力量触动学生的心灵，引起他们的共鸣。又如谈角色时，钟丽芳老师现身说法，调动学生的主观能动性，提高了学生对主题班会的参与度。

（2）程序清晰，环环相扣，不断提高学生的思想觉悟。知责任、明责任、辨责任、承责任四个环节设计精巧，层层推进。钟丽芳老师以长者的身份、朋友的身份平等参与活动，循循善诱，帮助学生正确地认识自我、认识责任。

（3）注重体验式主题班会教育的延续性。如制作“责任树”图片，通过活动育人，唤起学生的责任感，引导学生将责任落实到具体行动上，养成良好的行为习惯，不负青春，不负梦想，砥砺前行。

学生感言

感言1（杨梓文）

上个星期四我们班上了一节公开课，该课的主题是“青春与责任——迈向青春，责任随行”。我们老师对责任的诠释，深深地扎根在我心底，使我对责任心有了更深刻的了解。

所谓责任心，就是一个人对自己的所作所为负责，是对他人、对社会承担责任和履行自己的责任，也是全力以赴的工作态度，而作为学生的我们，应该怎样负起自己的责任呢？

公开课上，有一个事例让我印象深刻：“这天早上轮到小红打扫卫生，有同学告诉她，老师要检查背诵，小红背得不是很熟，但她还是坚持打扫卫生。”切合实际讲，小红背诵不成功，可能会受到老师的批评。但是，如果小红因为背诵而没有去打扫卫生，则会导致班集体扣分，这是对班集体的不负责，没有责任心的表现。

现实生活中，在面对个人利益与集体利益的矛盾时，我们应当牺牲个人利益，舍小家为大家。

感言2（李梓绵）

在上个星期，我们上了一节公开课，主题是责任。

在我们日常中，责任无处不在。其实每个人对责任都或多或少是有点了解的，但不够彻底，那么到底什么是责任呢？

有一则招聘故事，讲的是甲、乙、丙三个人应聘进了一家大公司，隔天经理大早上叫来他们三个人，指着旁边的三堆砖说：“你们帮我把这堆砖搬走，我有点事要先走，等会过来。”说完他就走了，乙和丙还没开始搬就抱怨了起来。过了两小时，他们俩见经理迟迟没有来，这使他们逐渐放慢了速度，而甲虽然干得满头大汗，却依旧按原始速度搬着。终于到了中午，经理来叫他们吃饭，乙和丙迫不及待地跑了出去，而甲看着他眼前所剩的八九块砖，坚持搬完再去吃饭。旁边的乙和丙竟然还搬不到1/3的量。到了下午，甲被厂长叫到办公室，厂长对他说："其实我们公司只招一位员工，现在我恭喜你被我们公司正式录取了。"为什么只招一人却招了甲呢？显而易见，因为他对待工作的责任心很强。一个人的能力固然重要，但能力不够可以用责任心来补，如果责任心不够，能力再大想补恐怕也无济于事。

只要我们都负起责任，生活会更加美好，世界会更加有爱！

感言3（邱恩淇）

星期四下午我们班上了一节别开生面的主题班会课"青春与责任——迈向青春，责任随行"，这节课令我久久不能忘怀，受益匪浅。它让我明白了责任心的重要性，也明白这种素质构成了伟大的人格。

每一个人都有自己的责任，我们不能逃避自己的责任，而是要选择面对。每个人都要承担起自己的责任，而不是一次又一次地将自己的责任推卸给别人，自己却逃之夭夭，让别人帮自己承担一切责任。我们要做责任的主人。作为学生，我们要对自己的学习负责，这是一种学习态度，当你对学习负责的时候，你的学习也会因此而改变，这种态度会让你重新发现生活的乐趣。

犹记得，"人生须知负责任苦处，方知尽责任的乐趣"。从小事做起，担起自己的特定责任——学习，用优异的成绩为以后的自己负责任，让责任的青春绽放光彩！

青春，让梦想飞翔

——我的梦想我做主

潮州市瓷都中学　李世龙

教育背景

每个人心中都藏有梦！有的人为了梦想而倾注自己的所有精力，然而有的人却是在低效地、机械地奋斗着；或有的人面对不确定的明天，在忙碌的学习生活中迷失了方向，失去了动力。针对以上现状，通过"青春，让梦想飞翔——我的梦想我做主"主题班会，让学生重燃梦想之火，坚定信心，调整方法，高效、快乐地追逐梦想。

教育目标

1. 认知目标

通过班会活动，学生懂得为梦想奋斗，懂得高效、快乐地追逐梦想。

2. 情感目标

通过班会活动，学生增强自信心，不断地完善自我，为梦想、为未来更加努力学习；培养学生为梦想而奋斗的正确人生观、价值观。

3. 行为目标

通过班会活动，学会利用集体的力量寻找适用于自己的方法，使学生学会将大梦想分解为小目标，从而一步一步地实现梦想。

教育过程

一、引入主题

师：梦想是强有力的翅膀，有了它，人才能飞向成功的彼岸；梦想是耀眼的光芒，即使最黑暗的时候，也能把前方照亮。因为有了梦想，我们才能拥有奋斗的目标。今天我们就来谈一谈关于梦想的话题。

二、绘制“我的梦想”

教师组织学生观看视频《985 大学汇集》。

（学生畅谈自己的大学梦）

师：令人激情澎湃的视频，相信视频中的大学是很多高三学子梦寐以求的学校。那大家梦想的大学是哪一所呢？

生 1：我要考上广东工业大学。

生 2：上本科。

生 3：广州大学。

……

师：人生的梦想往往由很多在不同时间节点达成的事件汇集而成，包括大学梦。对于很多人来说，上大学不仅仅是一个节点，更是达成人生梦想的最重要起点。按时间轨迹，2022 年，是同学们上大学的第一年，到了 2040 年，也许大家毕业后工作已达 10 年以上。此时，不少同学已经达成梦想了，或者离梦想很近了。在达成最终梦想的路途上，我们一定会在某个重要的时间做成了关键的事件，我们不妨把它画下来。

活动 1：绘制梦想时间轴

师：（学生活动）请在梦想时间轴上绘制出自己人生中的重大事件和重要时间节点，然后大家进行分享交流。（见图 30）

图 30

师：我们来走进林同学的梦。

林同学：2026 年本科院校旅游专业毕业，顺利进入旅游公司工作，到了 2040 年带着梦想游遍中国大地。

师：领略祖国大好江山，美丽的梦想。我们再来聆听邱同学的梦。

邱同学：2026 年本科毕业，并考上某一流大学研究生，到了 2030 年进入世界 500 强企业工作。

师：很棒的分享。我们都期待在预设的时间做到了想要做的事，当到那一时间真的达成自己的梦想，那是无比自豪的。下面我们来进行一个小仪式，（拿出课前准备的一个大玻璃瓶放在讲台上）现在请同学们把绘制的梦想放进玻璃瓶中进行封存，等 10 周年或 20 周年聚会时再来解封，看看自己的梦是否达成了。

（学生被充分调动起来，两眼闪烁着期待的光芒，满怀期待地把自己的梦想封存在梦想玻璃瓶中，见图 31）

图 31

（设计意图：观看视频时，学生产生共鸣，想起自己的大学梦，而后自然而然地激起梦想的畅想，最后通过绘制的方式把梦想记录下来。这样，规划好的梦想就非常鲜活地展示在学生的面前。最后通过封存梦想这个小仪式让学生强烈期盼达成梦想，更有动力去追逐梦想）

三、走近“我的梦想”

师：有梦想的青春很美，达成梦想的人生更美！那要达成自己的梦想，我们应该怎么做呢？

活动2：“一分钟鼓掌”游戏

师：现在和同学们玩个游戏，怎么样？

（学生有惊喜地“哇哇叫”的；有迫不及待追问的——“游戏！老师，什么游戏？”；大部分学生眼神里流露的是期待……）

师：今天的游戏叫——一分钟鼓掌。

生：鼓掌？鼓掌太容易了。

师：鼓掌很容易！鼓掌一分钟应该也很容易。那在一分钟之内能鼓多少次？首先我来宣布一下游戏规则和要求。同学们按指令进行两次“一分钟鼓掌”游戏。第一次游戏结束后在纸上记录自己鼓掌的次数。根据第一次的次数，估计第二次游戏的次数并写下来。然后进行第二次游戏，记录次数。在小组内讨论、分享自己的感悟。

师：（用计时器调好时间后）那下面请同学们做好准备，努力地快速鼓掌，边拍边数，看看自己能拍多少次？计时开始。

（学生进行第一次的一分钟鼓掌，见图 32）

图 32

师：时间到，停！同学们拍了多少次呀？

（学生纷纷说出自己的次数）

师：大家把次数记录下来。然后根据刚才的表现，预测一下自己第二次能拍几次，并写下来。

师：（学生写好后）大家都预测好了，那请同学们做好准备，进行第二次鼓掌。（用计时器调好时间后）计时开始！

师：一分钟时间到，停！记录下自己鼓掌的次数，并在组内交流分享感悟。

（学生记录下自己鼓掌的次数，并在组内交流分享感悟）

师：请同学谈谈感悟。有没有同学高估了自己，预测的次数过多导致没有达到的？

（有同学举手）

师：跟刚才预测的比较一下？

生：差距太大了。

师：你预测自己拍多少？

生：我第一次轻轻松松地拍了 150 下，所以预测我第二次能完成 230 下。

师：结果呢？

生：205 次。

师：所以你失败的原因是什么？有什么感受？

生：过于自信，在没有充分了解自己的情况下制定了过高的目标。

师：所以要达成某件事前，我们要充分地内视自己，从而准确定位自己的目标。

师：充分地内视自己，准确定位目标（板书）。

师：有没有同学采用跟第一次鼓掌不同的方法，结果完成了？

生：有！（学生举手示意）我第一次拍了 180 次，就预测第二次拍 250 次，结果我达成了。

师：很棒！怎么做到的？

生：我一开始竖着（坐着）拍，发现不够快。我想了一下，第二次改成横着（站着）拍，结果真的快了不少。

师：想了一下？你是说总结反思吗？

生：对！

师：你根据第一次的情况，及时总结经验，在第二次中做出调整，最后成功了？

生：对！

师：所以要达成目标，就要及时总结反思，调整方法，追求最高的效率。

师：及时总结反思，调整方法（板书）。

师：有没有同学为了不比别人少，憋着劲猛鼓的？

（学生举手示意）

师：能达到预测的次数吗？我发现你鼓掌时还时不时地偷偷观察了旁边的同学。

生：（笑）能！根据第一次的经验，我本来预测 200 次的。但看到某同学预测了 250 次，我就想着怎么也不能输给他，我就预测了 260 次。在鼓掌时我不断暗示自己说要赢他，所以我拼命去拍，结果真的达成了。

师：所以你的感觉是要有竞争对手？

生：对！要有竞争意识，才能产生前进的内驱动力。

师：有竞争意识。（板书）

（设计意图：设置两次鼓掌的目的——根据第一次鼓掌的次数预估第二次鼓掌的次数，可以引导学生在了解自己的基础上提出自己的梦想；进行第二次鼓掌，重在指引学生学会用自己的方式去追逐梦想。活动结束后学生对能否达到预计的次数进行思考、讨论，从而感悟出“达成梦想，自己需要怎么做或需要对自己已有的方式进行怎样的完善”）

师：这个游戏中根据第一次鼓掌的次数来估计第二次的次数，相当于同学们所追求的梦想，而第二次鼓掌相当于同学们在用自己的方式追逐着梦想。这个过程中大家表现都很棒，都对逐梦有不少感悟！但一个人对于一件事的认识和感悟往往是基于自己的知识、能力，有一定的局限。我们要集思广益，发挥集体的智慧，帮助自己找到更多、更有效、更适合自己达成自己梦想的做法。

活动3：“世界咖啡会谈”

师：“世界咖啡会谈”是一种对话、集体交流的方式，它营造一个安全、平和的环境，让参与者针对特定的问题展开对话。它既可以在组织内部开展，也可以在不同组织间开展。想象一下，如同朋友喝咖啡一样围坐在桌边交谈，认真聆听并深入思考对方讲话，充分分享及拓展每位朋友的思维。之后，每个人又移往另一张咖啡桌，结识新朋友，互相交换不同的想法。当不同的观点发生碰撞、连接时，就会迸发灵感，创新思维也会随之显现。

师：介绍“世界咖啡会谈”的议题、流程和要求。

（出示议题：怎样做才能达成自己的梦想?）

要求：小组交流和分享的方法要具体、可做到、与梦想（目标）相关和有时间期限。

流程：

①提出会议议题，介绍换组规则等。

②推选出一名组长，由组长组织每位组员进行发言、讨论，并做好记录。

③完成第一轮讨论后，组长留在原位，其他组员分散到其他组，把主要的想法、问题带到新的讨论中。新成员到位后，组长介绍前面会谈的内容，然后组织每人发言、集体讨论，最后做总结并记录观点。

④完成第二轮讨论后，组员回到原来的座位，组长介绍本组研讨成果，

组员补充。最后每个小组发挥创意，把研讨的核心观点制成小报。

⑤每位组长向全体成员汇报小组研讨成果。

（教师边讲解边示范）

师：同学们都明白怎样操作了没有？（学生点头示意）那下面开始我们“世界咖啡会谈”之旅，第一轮研讨开始。（见图33）

图33

（教师边巡视边投影学生活动的场景，并提醒学生注意活动的时间。学生激烈讨论，现场时不时响起阵阵掌声）

师：第一轮研讨结束。请同学们停下来，按之前的要求进行分组。

（学生分组，教师观察分组情况）

师：第二轮研讨开始。（见图34）

图34

（教师继续巡视，重点关注每组的研讨情况。学生激烈讨论，现场时不时响起阵阵掌声）

师：从场面看来，大家都进行了激烈的思想交流。第二轮研讨结束，同学们回归原来的小组。组长汇报两轮的研讨结果，并把最后的成果形成小报。

［学生进行最后的总结、归纳（见图 35），形成小报（见图 36）。教师巡视，观察完成情况］

图 35

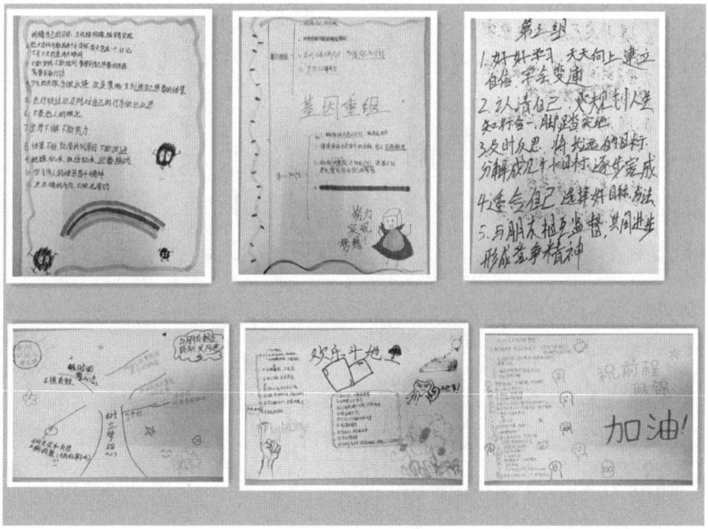

图 36

师：下面请各组组长来汇报研讨成果（见图37），有请第一小组组长。

图37

第一小组长：经过两轮激烈的研讨，我们组总结了以下有效实现梦想的方法。

①要明确自己的目标，目标越明确，梦想就越容易实现。

②我们要把大目标分散成各个小目标，每天完成一个。不可“三天打鱼，两天晒网”，要坚持不懈。

③不断规划、实践，要得到自己想要的东西，就需要去努力、去行动。

④学会把失败当成反馈，改变策略去创造自己想要的结果。在行动之后要及时对自己的行为做出反思，结果不好就要寻找自己的原因，不断去改进。

⑤不畏惧他人的眼光，做好自己。

⑥把握机会，抓住机会，迎接挑战。

⑦我们可以学习伟人的艰苦奋斗精神。

⑧走正确的方向，不做无用功。

（现场响起热烈的掌声）

第二小组组长：

①树立梦想，跟朋友说出自己的梦想，让朋友监督。与朋友互相鼓励，共同进步。

②遇到困难的时候要有积极的心态，不要害怕困难。

③要合理地规划好自己的时间，如果遇到特殊情况，及时调整。

（现场的掌声继续响起来）

第三小组组长：经过两轮的讨论，我们小组认为：

①认清自己，不要狂妄自大，也不要妄自菲薄。根据自己的能力提高或降低自己的目标，规划好人生。

②知行合一，脚踏实地，及时反思。

③将长远的目标分解成几个小目标，逐步完成。选择适合自己的目标与方法，与朋友相互监督，相互竞争，共同进步。

④学会时间管理，让自己过得更加充实，提高效率。

⑤要学会迎难而上，做到抢时间、树自信、誓拼搏才能圆梦想。

（现场的掌声继续响起来）

第四小组组长：梦想在未来，要实现它，需要有一个过程。在这个过程中，我们要认清自己，找准目标，沉淀自己，脚踏实地，丰富阅历，为实现梦想打下基础。具体做法如下：克服困难，做事不能贪。要从现在开始，为未来的目标积攒人脉，以便以后达成目标更容易。对于未来，我们需要知道应该学习哪些方面的知识，朝着这个明确的方向努力学习，才能为梦想做一个有效的积累。第二次讨论结果如下：

①要有规划并且要不断调整。奥巴马说："用80%的精力去做你想要做的事，用20%精力去调整你的路线和前进的方向。"

②我们要树立一个学习的榜样。对自己有要求，这样才有动力前进。

③要有一个属于自己的可行计划，才能提高自己的行动力。

（现场的掌声继续响起来）

第五小组组长：我们总结出以下的经验。

①我们要明确自己的目标，为自己的目标坚持不懈地做出相应的努力。同时要监测结果并不断总结，调整自己的计划。

②我们要精确地细分每日的计划，积极调整自己的计划，使自己的计划更能贴合自己的梦想。劳逸结合。在实现梦想的途径中，我们要懂得身体才是革命的本钱，每天坚持锻炼。不忘初心，努力拼搏，奋斗终生。

相信大家都认识科比，即使那些不会打球的人也都听过科比。科比曾说：“你见过凌晨四点的洛杉矶吗？那些你早起的日子，那些你奋斗的日子，那些你因太累了而不想坚持但你还是拼命熬过去，超越自己极限的日子。对，那就是梦想，那就是梦想。重要的不是目标，是旅程！”

（现场的掌声继续响起来）

第六小组组长：通过一、二轮的讨论，我们总结了应该如何完成自己的梦想。以下就是完成梦想的途径。

①要脚踏实地，按自己的实力充分内视自己，准确地制定自己的目标。

②要总结经验，学会换一种思路去调整方法。

③要通过寻找竞争对手来促使自己进步。

④合理利用时间，懂得什么时间做什么事情。

⑤及时地发现问题，及时诊断并解决问题。

⑥善于抓住机会，坚持不懈，要有吃苦的毅力去实现梦想。最后祝大家前程似锦，就像小鸡破壳而出一样，挣脱困笼，闯进理想大学。

师：很棒的分享。“博采众家之长为我所用”，同学们把刚才的分享和自身实际情况整合起来，不断完善自己的方式，更高效、更快乐地去追逐梦想。

（设计意图：每个人对自己达成梦想的方式理解不一样，可能契合自己，也可能不会；可能找到了方法，也可能还没有挖掘出来。利用“世界咖啡会谈”模式让学生在讨论、交流中得到别人的帮助，从而完善自己的方式）

四、起飞“我的梦想”

师：梦想很远，因为它在未来；梦想又很近，因为我们一直在向它迈出坚定的步伐。高三的今天，我们起飞“我的梦想”，然后迈向期中考。期中考是我们追逐梦想路上的一小步，虽小但很重要！为了督促自己，我们一起来完成期中考目标卡（见表3）。

表3　起飞“我的梦想”

姓名：				
梦想大学				
期中考目标分数	语文		物理	
	数学		化学	
	英语		生物	
我的优势				
我的不足				

活动4：完成期中考目标卡

学生独立思考，不讨论不商量，不相互干扰，完成期中考目标卡并在课后把目标卡张贴到“班级志愿墙”。

（设计意图：引导学生利用期中考这一契机，确定自己的期中考目标。以此目标为梦想的起飞点，找出现阶段自己的优势和不足，然后真正地行动起来，一小步一小步前进，成就一大步）

五、以青春的名义，让梦想飞翔

师：同学们，当你知道你的具体的目的地，而且向它迈出了第一步时，你便朝着你的梦想更近了一步。小步越过一个个障碍，你就能走向成功的巅峰，实现你的梦想。下面我提议，以青春的名义，发出最响的梦想起航的号角！

全体学生：

即使成功远在天边，我也要勇往直前，不畏艰险；

即使失败就在眼前，我也要坚守信念，挑战极限；

我保证：为了父母的微笑，努力拼搏每一天；

我保证：为了梦想的实现，再苦再累我也无怨无悔。

在以后的学习生活中，我要：

敢于拼搏，用不懈争取进步；自强不息，用汗水浇灌理想；

超越自我，用奋斗成就青春；永不言弃，用信念实现梦想。

让青春绽放最美丽的光芒！

师：本次主题班会到此结束，感谢大家！

教学反思

整节课出乎意料的顺利，这让我一直压抑的心情如拨开乌云般灿烂起来；整节课出乎意料的圆满，学生发自内心的感言让我这段时间的“脑瓜疼”自然而然地痊愈了，更让我心里充满着成就感。个人反思从确定主题到成案再到完课，有以下几个“小得意”的点和需要改进的地方：

（1）整节课设计严谨，条理清晰，过程层层推进，德育效果落地自然。在接到邱老师的任务时，我就一直在思考该怎样上好一节不落俗套的梦想主题班会课。基于理科老师的思维惯性，我设计了这样的思路：心怀什么梦想—怎样实现梦想—开始追逐梦想，沿着这条线索去引导学生，让学生发生由心到行的转变：有了梦想就去想着实现梦想，想着实现梦想就开始落于行动去追逐梦想。而在“怎样实现梦想”这一环节中也蕴含层层推进的韵味。我先设计“一分钟鼓掌”游戏让学生感悟达到目标的方法；考虑到个人认知的有限性，再增加了“世界咖啡会谈”的活动让学生“博采众家之长为我所用”；最后引导学生结合自身实际制作自己的“实现梦想的方法”的小报。

（2）成功探索了“世界咖啡会谈”在班会课堂中的应用。在设计本节课时，我不由地想起在“广东省中小学生骨干教师省级培训（生物科）”中参加的“世界咖啡会谈”。“世界咖啡会谈”经常在培训中出现，它让不同专业背景、不同职务、不同部门的一群人，针对主题，设置多轮次转换，发表各自的见解，激发出意想不到的创新点子。

有想法就付诸行动。我查阅了许多“世界咖啡会谈”、体验式主题班会的相关资料，并经常与邱少莹老师探讨，以寻找出“世界咖啡会谈”和体验式主题班会的切入点和契合点。在自己的努力和工作室小伙伴们的帮助下，“世界咖啡会谈”在梦想主题的体验式班会中的设计就定稿了。

基于“世界咖啡会谈”，我组织学生针对议题“怎样做才能达成自己的梦想”进行了两轮会谈，最后以小报的形式集成成果。从课堂表现来看，学生讨论热烈，发言积极，还时不时地鼓起赞同的掌声；而组长有条不紊地组织两轮组员进行讨论、发言，做好记录，制成总结小报。这可以看出“世界咖啡会谈”符合高年级学生的身心发展特点，操作性强，可重复使用。

当然，这节班会课也存在着许多不足之处，比如由于学生的身份背景相似、社会阅历和经验不足以及课堂时间的限制，导致在“世界咖啡会谈”中不能很好地对问题进行更深层的探索，每个小组会谈后形成的成果都有很大的相似性；体验活动占用的时间比例较大，导致课堂环节的衔接有点紧凑，课堂的把控能力和临场应变能力还有待加强。

（更多精彩，可扫描下方二维码获得本节班会课课件）

教师点评

点评1（枫溪中学　邱少莹）

从课堂上学生的积极参与、现场的阵阵掌声、研讨结果的创意小报、组长的精彩汇报以及课后学生的反馈来看，李世龙老师的这节体验式主题班会课无疑是成功的。亮点很多，我只谈其中的两个创新之处：

1. 旧瓶新酒翻新意——“一分钟鼓掌”的新寓意

在体验活动中，“一分钟鼓掌”是个常见的游戏形式，大多用于课前热身环节，学生通过参与游戏通常能重新认识自己、相信自己的潜能无限，或感悟出制订计划、明确目标的重要性。在这节课中，李老师独具匠心，巧妙地使用“一分钟鼓掌”游戏，来获得新的体验——实现梦想的方法。活动中，学生按指令进行两次“一分钟鼓掌”，第一次结束后记录下自己鼓掌次数，并根据第一次的次数估计第二次的次数，再进行第二次鼓掌。游戏结束，教师通过一步步提问，启发学生明白：第一次鼓掌寓意是认识自己并提出自己的梦想，第二次鼓掌寓意是用自己的方式去追逐梦想，进而引导学生感悟出需要怎么做或需要对自己已有的方式进行怎样的完善才能实现自己的梦想的答案。

“一分钟鼓掌”所营造的愉悦、舒适的氛围，也为接下来的“世界咖啡会谈”创设良好的课堂气氛，更能激发学生充分展现自我的热情。

2. 学以致用有所成——“世界咖啡会谈”的新运用

现有的体验式活动虽然不少，但是真正适用于学校教育的并不多，所以需要我们学会灵活变通地使用一些体验式活动以达到预定教育目标。“世界咖啡会谈”原是一种新型的公司会议形式，是一种创造集体智慧的会谈方法，也是一种解决问题的有效方法。李世龙老师把它创造性地使用于高三年级的主题班会，取得了很好的效果。

课堂上，李世龙老师提出议题“怎样做才能达成自己的梦想”后，学生热烈讨论，积极发言；组长有条不紊地组织两轮组员进行讨论、发言，做好记录，制成总结小报。因为两轮的讨论中组员不是固定的，而是轮动的，所以他们既能充分展现自己达成梦想的方式方法，又能用团队的集体智慧修正和完善自己的方式方法。在这个过程中，每个人都是参与者和学习者，彰显了高三学生的独立性、批判性的思维品质和较高的思辨能力。李世龙老师的这节课探索证明，“世界咖啡会谈”完全可以适用于高年级学生的体验式主题班会。

点评2（阳光实验学校　李枫）

李世龙老师的主题班会课“青春，让梦想飞翔”主题鲜明、内容丰富、形式多样，符合高三学生实际，学生积极参与、大胆发言，引发共鸣，掌声不断。课堂上，李世龙老师适时穿针引线、画龙点睛，使学生从感性体验上升到理性思考，取得良好的教育效果。

1. 一段“燃”视频放飞高三学子的大学梦想

视频《985 大学汇集》以富有朝气和活力的音乐旋律及优美的大学校园画面让学生感受大学的自然环境、人文环境，直观而又富有感染力，燃起高三学生追逐大学的梦想之火。

2. 一个梦想瓶装载高三学子的人生规划

体验活动“绘制‘我的梦想’”在简单的规划中引导学生认识到人生规

划的重要性，进而学会用行动把梦想变成现实。最后，学生将绘制的梦想装入瓶中，不仅是学生对自己的承诺，更让班级未来的一场“十年之约”充满仪式感。

3. 一个鼓掌游戏引发高三学子的深层思考

通过小游戏“一分钟鼓掌”让学生去体验成功与失败，在教师的循循善诱下，引发学生对实现梦想的方法的思考，并及时以板书的形式展现生成教育的内容。

4. 一场“世界咖啡会谈”激发高三学子的思维碰撞

体验活动“世界咖啡会谈”的设置充分体现学生的主动性和积极性，突出学生的自我教育过程。最重要的是整个过程轻松愉快，每位学生既是倾听者也是表达者，在小组内和跨小组的讨论中，各抒己见，在每一轮的讨论中，彼此交换自己的经验，不断交流、不断深入思考，进行一场集体智慧的交流与碰撞。最后，各小组以各具特色、图文并茂的小报展现了本组集体智慧的结晶。

点评3（古板头中学　刘顺勇）

观摩了李世龙老师的“青春，让梦想飞翔”同课异构的主题班会课，我获益良多。

一是课堂活动的设计环环相扣，引人入胜，指引学生进入到角色中去。从开始播放知名高校集锦视频，帮助学生进入话题角色，到指导学生完成“梦想时间轴”的制作，学生开始了对自己梦想的思考和规划；从“一分钟鼓掌”的热场，将场面气氛推向一个小高潮，再到“世界咖啡会谈”的深度研讨，把整节课推向了高潮，其中几个环节的设计不可谓不巧妙。

二是课堂的“体验味”最浓，学生在玩中思考，在思考中受到启发。“梦想时间轴”的环节，学生的玩心大起，点燃了学生心中对梦想的思考，给学生留下了深刻的记忆，完成了情感目标的推动；“一分钟鼓掌”的环节，学生的积极性开始被调动，全员性的体验活动，一下子就触动了高三学子心中梦想如何实现的涟漪；“世界咖啡会谈”环节，学生的思辨力被极大地激发起来，促成了课堂的认知目标的落实，助推了学生课堂认知目标的落地。

三是教师教态自然，师生互动频繁，总结水到渠成。李世龙老师在课堂上穿针引线，深入浅出，适时指导，收放自如，恰如其分地表现了课堂上老师的主导角色。

四是课堂延伸自然。最后用“起飞‘我的梦想’”，表现了老师的班会课点题能力。齐读誓言，最后的激励，让课堂在学生意犹未尽中结束，体现了课堂的延伸能力。

五是课堂活动环节多，导致了对活动时间的预警反应能力的欠缺。建议对活动环节的时间安排更加紧凑一点，课堂才能变得更有可操控性。

点评4（崇礼中学　蔡碧佳）

李世龙老师精心准备、几易其稿，为我们带来一节精彩的体验式主题班会课，本节班会有许多优点值得我们学习和借鉴：

一是形式多样，层次鲜明。这节班会课的体验活动设计得有梯度、有层次、有深度，契合知、情、意、行的设计原则，符合高三学生的年龄特点。绘制梦想时间轴，“封存”梦想，满满的仪式感，让学生初步感知梦想；“一分钟鼓掌”游戏，激发学生感悟如何立足自身，更好地追梦；“世界咖啡会谈”是本课的一大亮点，在高三学生中开展较合适，讨论有一定的深度，教师提出“怎样做才能达成自己的梦想”的议题，让学牛在讨论中学会博采众长，更高效、更快乐地去追逐梦想；而完成期中考目标卡的活动，则让学生的大梦想得以落地，从近处着眼，走好追梦路上的每一步。

二是梦想高远，目标细致。正如李世龙老师上课时所说的“梦想很远，因为它在未来；梦想又很近，因为我们一直在向它迈出坚定的步伐”。本次班会课的另一亮点是对“一分钟鼓掌”游戏进行了深度挖掘，教师一步步追问，使学生明确两次鼓掌的寓意。同时以期中考试为契机，把本次班会课的主题落到实处，激励学生以学习为主，制定目标，让“梦想”由此起飞。

点评5（枫溪中学　佘万钿）

李世龙老师这一节主题班会课的活动为高三学生找到了奋斗的方向，能够针对高中生不喜欢说教的年龄特点进行设计，采用体验式教育的模式，设置循序渐进的活动，让学生通过亲身体验将梦想这个抽象的概念具体化，充分地调动学生们去内视自我，引发学生们对梦想的思考讨论。

课前国内名牌大学的宣传视频对于高中生来说能够引起他们对大学梦的向往与憧憬。而接下来通过绘制梦想时间轴，又使学生对自身的梦想有条理地进行规划，特别是接下来封存时间轴与约定未来聚会解封时间轴的活动很有仪式感，相信能在学生心中留下一个对未来的念想。

一分钟拍手活动的设计，特别是活动后问题的设置，能充分引发学生的思考。而且通过活动与提出梦想、追逐梦想相结合，学生更容易感知要达成梦想自己需要怎么做，同时学生们的思考感悟也为后续世界咖啡的讨论活动奠定了基础。

“世界咖啡会谈”的设计非常适合高中特别是高三学生，学生们在小组内进行思想的碰撞，通过两轮充分的讨论达到了学生们自我教育、同伴间互相教育的效果。而活动后的组长汇报，又使学生再次梳理了讨论的结果，同时也通过聆听其他小组的讨论进一步完善了自己的方法。最后填写期中考目标卡，又将学生的梦想落到了实处，让学生能从最近的目标出发，去开始自己的逐梦之旅。在最后宣誓的小环节中，能够看得出学生都已经被充分地调动起来，相信对于这班学生来说，这节课将会令他们铭记一生。

点评6（瓷都实验中学　郑玉霞）

李世龙老师的“我的梦想我做主”主题班会思路清晰，环环相扣，推进有序，能让学生一步步在追逐梦想中找到践行梦想的方向。我觉得有以下特点值得学习：

（1）班会课中夹着仪式感，让学生在彩色卡纸上绘制梦想时间轴，并用精美的彩绳系绑，封存于梦想的玻璃瓶中，约定毕业10周年或20周年后来解封。相信聚会时大家会有满满的回忆与感动。

（2）学生参与活动的积极性、广泛性高。两次“一分钟鼓掌”游戏让所有同学参与，能在分享感悟中找到自己逐梦的方法；再通过“世界咖啡会谈”模式，让学生借助集体的智慧，集思广益，在换组交流讨论中，在思想碰撞中找到更多、更有效的能够帮助自己达成梦想的方法，同学们最后绘制的小报就是最好的体现，相信这个环节也会让学生终生难忘。

点评7（枫溪中学　钟丽芳）

聆听了李世龙老师的“我的梦想我做主”主题班会，我认为有以下亮点值得一提：

首先，本节主题班会内容紧扣主题，能够与学生思想实际有机结合。

其次，具有一定的针对性，切合高三学生实际。取材视频《985 大学汇集》为切入点，真正使学生有情可感、有情可议。

接着，突破了“课”的形式，活动多样，互动交流。“世界咖啡会谈”活动环节的设计摆脱了上“课”的枷锁和单向输入偏重的问题。该活动让学生都真正动起来，让所有学生都有事做；而不是一对一单调交流，令其他学生有事不关己之感。这是很成功的一次活动体验。

最后，在深化主题、延续教学效果方面，李世龙老师设计了从小处着眼，以小见大，在一个侧面或一个点上具体深化，达到以一点反映全面的效果。比如梦想不是一蹴而就的，实现梦想我们可以先制定短期目标、如月考目标，期中目标，甚至今天的目标，让学生充分利用时间，逐步奋斗，走向梦想的彼岸。

点评 8（益盛中学 蔡昭萍）

为了让高三学生重燃梦想之火，坚定信心，调整方法，高效、快乐地追逐梦想，李世龙老师开展了一节主题为“青春，让梦想飞翔——我的梦想我做主”的体验式主题班会。

对于学生和老师来说，这是一节成功的、令人难忘的体验式主题班会课。学生的参与度特别高，在每一个环节中，教师指导学生动手实操。学生都能够把每一个环节、每一个要求完成得特别好。李老师的思路非常清晰，每一个环节都层层紧扣。

开头播放震撼的视频把学生引入到情境中来，也成功地激励到每一位学生。这个时候，李世龙老师趁着学生还在对这些一流大学的憧憬中，让他们为自己做规划——画“梦想时间轴”；紧接着进行的是经过李世龙老师创新了的“一分钟鼓掌”活动，这个活动让学生懂得在实现梦想的过程中要充分内视，既要准确定位目标、及时总结反思、调整方法，又要有竞争意识、坚持不懈，不断激发自己的潜能；在进行本节课的最大亮点——“世界咖啡会谈”这一活动时，学生的讨论很激烈也很真实。在与同学交流和听同学们谈“如何实现梦想”的过程中，每一个组员都结合自身实际情况进行分享，并不断完善自己的方式，最后再由组长总结发言。

本节班会课根据高三学生的特点设置，通过活动让学生去感悟、去体验，从而让学生有平和的心态，理性去对待以后的学习和生活，是一节成功的体验式主题班会课。

点评9（云光中学　黄雪娟）

李世龙老师的这节主题班会课，根据高三毕业班的实际情况进行精心设计，注重师生平等对话和情感交流，内容丰富、形式新颖、生动有趣、气氛和谐。

设计的几个体验活动，课堂上师生互动、生生互动，活泼有趣、不落俗套、高潮迭起。通过“时光轴”绘制“我的梦想”、“一分钟鼓掌”游戏、“世界咖啡会谈”等活动，教师引导学生充分体验，让学生思维在碰撞中迸射火花。高三是人生关键的十字路口，学习是至关重要的，学生应该对未来有详细的规划。当学生把自己的“时间轴”投入“梦想”玻璃瓶时，他（她）已经许给自己一个美好的未来！

梦想很远，梦想也很近。最后的“期中考目标卡”，可以说，是将梦想化虚为实，化大为小，引导学生脚踏实地，拥抱梦想！

学生感言

感言1（王芙玲）

周四的下午，我们进入三楼录播室后，在围成一圈圈的桌子中开始了“青春，让梦想飞翔”的主题班会。

班会一开始，班主任播放了视频《985大学汇集》。一帧帧精美的画面伴随着激情飞扬的音乐，如一方巨石从高空中砸下，让我那沉寂已久的心湖激起三千里浪涛，久久不能平复。

紧接着，“梦想时间轴”“一分钟鼓掌”“世界咖啡会谈”等一系列的活动为我带来了深刻的启发。“黑发不知勤学早，白首方悔读书迟”，没有任何一种防腐剂可以将易逝、珍贵的青春完好地保留下来。因此，我要在有限的青春中，为梦想接上无穷动力的翅膀。在追逐梦想路上，我要充分内视自己，准确定位目标；及时总结反思，调整方法；有竞争的意识。

毕淑敏曾说，“优等的心，不必华丽，但必须坚固。当梦想展翅飞翔时必然会遇到一重又一重的困难。不要害怕！困难总是会过去的。所有不能打败你的，都将使你变得更加强大。”将困难当作托起你飞向更高空的旋风，迎接它！利用它！让梦想扶摇直上九万里。愿所有梦想一路生花，留下色彩纷呈的天空和沁人心脾的芬芳。

感言2（陈佳堃）

这次主题班会的开展，让我对迷茫的高三生活明了了许多。

刚开学，我对自己的期望很高，觉得自己做什么都能达成，因而我把目标定到很高的位置，但在接下来的学习生活中却经常没有达到目标。我陷入了迷茫，渐渐变得不再自信，学习也失去了动力。这次班会上的一个“一分钟鼓掌”的小游戏把我拉回清醒的世界中，我明白了目标要根据自己实际情况来定，不能好高骛远，要脚踏实地才能走得更远。

在老师的组织下，我还绘制了一条梦想时间轴。在梦想时间轴上，我把梦想分为几个阶段性的目标，并给它加上了时间期限，这使得我对完成梦想有了清晰的规划。更让我期待的是全班同学一起封存“梦想”，到十周年的同学聚会才来解封。光是想象到时候打开这些梦想的场景就觉得美好。

班会课接近尾声，我的思绪也回到了当下，我制定了期中考奋斗目标，打算先完成当下的计划，为未来做准备。

感言3（李锶琪）

本次主题班会的话题是关于“梦想”，我完全投入其中，感想颇多。

在写自己的人生规划时，我发现自己相较于其他同学，没有更为具体的人生梦想。写到大学，我只能想到自己的人生最终点似乎在大学和以后从事的工作，对更加丰富多彩的人生没有任何的画面。这震惊了我，也让我产生更大的动力去丰富自己的精神世界，去追求更多姿多彩的人生。

“一分钟鼓掌”游戏也让我印象深刻。在估计第二次鼓掌的次数时，我给自己定下了比上一次更高的目标，而有的人预定得更低，或者和第一次的接近。第二次鼓掌开始之后，我改变了鼓掌的方式，虽然动作有点浮夸，但确实比之前轻松了许多，也快了许多，最终自然是比原来预计的目标高出不少。当老师问及为什么能达到目标的时候，我恍然大悟，如果把鼓掌的目标次数当作梦想，刚开始鼓掌的时候停下来十分容易，但如果即将达到鼓掌目标时，大家都会很难选择停止。我想大概是在实现梦想的路上需要持之以恒吧。坚持下来，当越接近梦想时，步伐会越加轻快。万事开头难！许多人对遥远的梦想望而兴叹，殊不知翻过这座山之后，便是平坦的路途。

青春，让梦想飞翔

——“纸”想告诉你

潮州市枫溪区枫溪中学　佘万钿

教育背景

习近平总书记在清华大学考察时激励广大青年肩负历史使命，坚定前进信心：“立大志、明大德、成大才、担大任。”立大志，就是要有梦想，梦想的种子一旦播撒，便有了破土而出的力量。青春之路充满希望，逐梦征程任重道远。新时代的青年，需要奋斗的朝气、创新的锐气、担当的勇气。以梦为马，不负韶华。梦想像一座灯塔，指引着青春之路的方向。为了让学生拥有自己的梦想，明确正确的前进方向，激发学生们的内驱力，在激烈的中考竞争中取胜，所以开展此次主题班会活动，使学生们坚定信念，勇敢追梦。让学生们认识到“蓝图已经绘就，未来无限可能”，只要脚踏实地、苦干实干，一切梦想皆有可能。

教育目的

1．认知目标

认识到实现梦想的路途充满艰辛，需要靠脚踏实地、不懈努力地学习。

2．情感目标

增强学生的自信心，激励他们为梦想而努力。

3．行为目标

激发学生学习的积极性、主动性，以这次班会为新的起点，向更高的目标奋进。

活动流程

一、引入

（1）以“北斗系统”收官宣传视频中习近平总书记的讲话“中华民族是勇于追梦的民族”引入“中国梦”。

（需准备的有烧杯、盛有半槽水的水槽、A4 纸、蜡烛等若干，见图 38，分组活动见图 39）

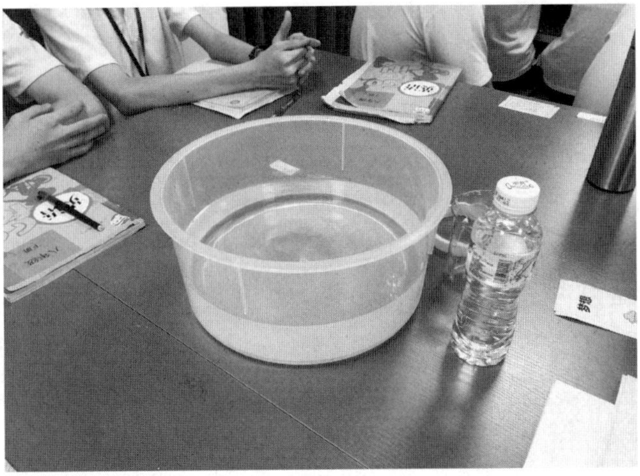

图 38

图 39

课堂实录：

师：飞天一直都是人类的梦想。你们看现在我们不仅能够乘坐飞机到达世界各地，还能够将宇航员送上宇宙太空。那么对于中国人来，我们的中国梦是什么？

生：实现中华民族的伟大复兴！

师：对，我们的中国梦就是实现中华民族的伟大复兴，正如习近平总书记所说的，中华民族是勇于追梦的民族，我们不仅实现了飞天的梦想，甚至还走得更远。党的十八大，我们提出了“中国梦”——“实现中华民族伟大复兴”，这是中华民族近代以来最伟大的梦想。我们的民族、我们的国家都有自己的伟大梦想，并且全国人民都在为了这个梦想而努力拼搏。可能有同学会觉得说飞天的梦想，或是实现中华民族的伟大复兴离我们还有点远。那么请你们思考一下，作为一名中学生，你的梦想是什么？

师：接下来让我们再看一段视频，或许这段视频当中就有你们的梦想。

（设计意图：以贴近时事的视频引入，能够更好地吸引学生的注意力，同时由“中国梦”引发学生思考自己的梦想“我的梦”，将梦想的话题化大为小，落地贴合学生实际的学习生活中）

（2）引出“我的梦”，并以全国著名大学的宣传视频激起学生对于未来与梦想的憧憬，让学生说出自己的梦想，并落到实处，填写“梦想清单”的前两项，特别是地理生物中考的成绩与梦想的高中，提醒学生勇敢追梦需要从眼前开始。

课堂实录：

师：美丽的大学校园是不是很令人向往呢？

生：是！

师：视频里面有没有你梦想的大学呢？

生：清华、北大、中大……

师：看来大家都有很远大的梦想呢。或许有同学觉得现在才初二，大学梦离自己还挺遥远的。那请问大家，如果想要圆自己的大学梦的话，你现在需要做什么？

生：好好学习。

师：更确切地说，得先考上什么呢？

生：一所理想的高中。

师：想要考上一所理想的高中，立足眼前你需要干吗？

生：还是好好学习。

师：然后呢？

生：先把地理生物中考考好。还有要把期末考试考好。

师：确实，如果要实现自己远大的梦想，我们就应该先立足现在，勇敢追梦需要从眼前开始。现在请取出桌面上的梦想清单，填写上你期末的目标分数与自己的梦想高中。

（教师巡视并留意同学们梦想清单完成情况，见图40，梦想清单见P185表4）

图40

师：相信很多同学对于自己期末的目标分数，应该有自己的标准。如果暂时没有的话，你也可以现在就给自己定一个目标。怎样的目标是好目标呢？

生：适合自己的目标。

师：对，就是那种你站在那里伸起手够不着，但是用力跳起来的时候，能够摸得到的目标才是最好的目标。写完之后请与你身边的同学分享你的目标分数与梦想高中学校，这样能够在今后对你起到一定的鞭策作用哦。同样的，如果你发现同伴今后有所懈怠，记得要提醒他哦。

师：接下来有没有同学想来与大家分享一下？

（学生先在组内分享，见图 41）

图 41

生：我希望能够先考好地理生物中考，争取两科能考 50 分以上（总分 60），期末考试争取全班前三。最后我希望明年中考能考上重点高中。

师：非常棒，感谢你的分享，希望你能努力使之实现。

（设计意图：利用学生熟悉的节奏明快又积极向上的歌曲，能够更加适合初二年龄段学生的心理特点，同时视频中美丽的大学校园也能够激发学生的兴趣。同时由大学梦引发学生思考——作为一名初中生，如果想要考上好大学需要什么？）

二、“纸”想告诉你

（一）一张A4纸的梦想

取出一张A4纸，引导学生思考：假如自己就是这一张A4纸，会有什么样的担心与困惑呢？用视频展示A4纸的梦想（撕不烂，浸不湿，烧不着），引发思考与讨论：如何实现这三个梦想。

师：既然大家都有了自己的梦想，那要追逐梦想需要如何去做呢？或许我们今天班会课的梦想嘉宾，就是大家手上用来填写梦想清单的这张A4纸，它的追梦之旅能够给我们一些启示。

（展示一张A4纸）

师：假如你自己就是这一张A4纸，平时你会有什么样的担心与困惑呢？

（将学生的回答引向“易被撕烂，怕被水浸，恐被火烧”）

师：对，所以纸也有它自己的梦想，让我们一起来看看它的梦想是什么。

（播放视频《一张A4纸的梦想》）

（设计意图：创设情境将A4纸拟人化，提出纸的困惑，从而提高学生兴趣，激发学生思考）

（二）A4纸的梦想挑战

（分3个环节讨论如何实现A4纸的梦想并且引发思考）

梦想挑战1：撕不烂的纸

每人一张A4纸，通过多次对折后尝试能不能撕开，让学生分享在这个挑战中的收获。

（学生挑战“撕不烂的纸”，见图42）

图 42

学生分享后给出结论——“纸”想告诉你：简单地重复最基础的东西，也能有所改变，量变引起质变。

学生分享结束后，介绍“馒头理论”（引导式询问）。

引导学生思考学习中是否也有类似的情况，让学生举例分析（背诵、刷题……）

总结：要想追梦，那就必须“重积累”。

课堂实录：

师：一张 A4 纸也有很多梦想，那么，今天我们就通过几个梦想挑战，来帮助它实现梦想吧。第一个梦想挑战是“撕不烂的纸”，每位同学一张 A4 纸，在不利用其他工具的前提下，使用任何方法，让它不容易被撕烂。

生：老师，那我把它夹在书里行吗？

师：其他同学觉得呢？

生：不行，书也属于其他工具。

师：是的，发挥你的想象力吧。有同学已经找到方法咯，那我们请同学来分享一下是如何达成专项挑战的。

生：我是把纸对折了 7 次，它就撕不开了。

（学生在分享挑战体会，见图 43）

图 43

师：非常棒，那你是怎么想到这个方法的？

生：就像一根筷子容易掰断，一把筷子难被掰断的故事一样，量变引起质变。

师：说得非常好，量变引起质变。所以像刚刚有一些同学对折了 5 次，也很容易被撕开来，但是当我们折叠到了 6 次或 7 次，结果就怎么样？

生：很难被撕烂。

师：是的，折纸中最基础的动作是什么？

生：对折，折叠。

师：那么最基础的动作如果一直重复下去，当它达到一定的量时，一张纸也能变得非常的坚硬。那学习中哪些是最基础的动作呢？

生：看书、背诵、朗读、做练习……

师：那学习中这些最基础、最常见的动作如果一直坚持下去，你的基础足够扎实的时候，会产生什么结果呢？

生：会考得好。

师：无论最终成绩怎么样，只要坚持，肯定能看到进步的。但是也要注意，积累是一个渐变的过程。像刚刚折纸，总不能折了一次就跟别人折了 6 次的比较吧。而像刚刚有同学折了 5 次，用点力撕也就烂了。但实际上，你离目标只差了一次对折而已，再折一次，你就成功了。所以在通往成功的路上我们需要干吗？

生：坚持，再坚持。

师：没错，馒头理论大家听说过没有？

生：没有。

师：有同学到食堂买了几个馒头，吃了第一个馒头，没饱；吃了第二个馒头，还没有饱；吃了第三个馒头，饱了。由此下结论：只要吃第三个馒头就可以了。你们觉得这样的推断是否正确？

生：不对，没吃前两个垫肚子，吃了第三个也只是吃了一个，肯定吃不饱。

师：确实，没有第一、第二两个馒头的基础，哪有第三个馒头的效果？所以你可不能现在跟老师讲自己明年就上重点高中，三年后就上“双一流”，然后就在那浑水摸鱼，等到临近考试才去努力对吧？

生：是，平时就得努力打基础。

师：另外，要是有同学自觉明明挺努力了，可是考试成绩出来却并不理想，就想放弃了怎么办？

生：要告诫自己离成功可能就差一步了。

师：是的，所以，“纸”想告诉你，追梦的路上，要“重积累”。

（设计意图：通过设立挑战活动激发学生兴趣，让学生在体验活动后能够积极思考，而不是单纯地听老师讲）

梦想挑战2：浸不湿的纸

小组体验活动，每组一个烧杯、一个盛有半槽水的水槽、一张A4纸，引导学生想办法使水无法浸湿置于水槽中的纸张，如将纸塞在烧杯里面，再将烧杯倒扣在水槽中（挑战“浸不湿的纸”，见图44），可通过希沃授课助手对学生们的操作进行投屏直播。

图 44

引导学生得出结论——“纸”想告诉你：找出自己的核心竞争力，选择主场，发掘想法，把握先机。

教师可以简单讲解什么是核心竞争力，如纸的核心竞争力之一就是可折叠能变形，因此它可以躲到烧杯里，利用空气阻止水将自己浸湿。引导同学们思考自己的核心竞争力是什么，或是可以培养自己哪方面的核心竞争力，并将之写在“梦想清单”中。（如：某些科目具备他人没有的优势，或是某些学科的学习能力更强……）

师总结：要想追梦，那就必须“善发掘”。

课堂实录：

师：接下来是第二个梦想挑战，浸不湿的纸。众所周知，纸遇水很容易被浸湿，借助桌面上的一个杯子，你们能不能让纸浸到水里而不湿呢？挑战时要注意纸张必须低于水槽的水平面。大家分组讨论与尝试，希望大家群策群力，待会儿我们来看看哪一组能够最快地完成挑战。（小组合作挑战，见图 45）

图 45

（对各个小组的操作进行直播投屏与点评）

师：请这个小组的同学展示一下你们是如何操作的，同时分享一下你们的思路。

生：因为纸是折叠变形的，所以我们把纸揉成比杯口大的一团，然后把纸塞到杯子里，它就能够被卡在杯子里不会掉下来。然后我们把杯子反过来按进水里，因为杯子里面有空气，哪怕按进水槽里会进一点水，但是大部分的水都被阻隔在杯子外面，这样卡在杯子底部的纸就不会被水浸到了。

师：谢谢这位同学的演示与分享，非常棒，纸能够很容易变形，这就是它的核心竞争力。所谓的核心竞争力，就是竞争的个体能够获得竞争优势的能力。比如在这个挑战中纸变形的能力，就是应对这个挑战的优势。而通过选择适合自己的主场——由空气隔绝水的杯底，充分发挥自己的核心竞争力——能变形，那么只要抢得先机，将自己藏在安全的地方，纸就不会被浸湿了。同样的道理，在学习中，你如果能够发挥自己的核心竞争力，那么是不是也能抢占先机呢？大家先思考一下，想想自己的核心竞争力是什么。

生：老师，英语成绩好算不算是核心竞争力？

师：当然，所以提高你的英语科成绩就属于提高你的核心竞争力，那么能不能进一步发掘呢？

生：坚持早读英语单词和课文。

师：对，有的同学早上背诵效果好，所以早上很早起床背诵；有的同学在夜深人静的时候背诵效果好，他就在晚上背诵。这都是提高自己的核心竞争力。

生：那我明天也一早起床背诵课文。

师：那你得发掘自己的核心竞争力。如果你晚上背诵效率高而早上总是起不了床，那么你早上起来背诵可能就不是选择了适合自己的主场，反而是将自己的弱势放大了。所以记得要好好思考自己的优势，并且进一步发掘。现在请各位同学好好思考，找到属于自己的核心竞争力与不足，并且填写在自己的梦想清单里（见 P185 表 4）。

（设计意图：通过分组体验活动，培养学生合作的能力，同时在小组合作的过程中提高每位学生的活动参与度，让学生们通过对其他同学操作的观察激发他们的思考）

梦想挑战 3：不怕烧的纸

小组体验活动，每组一个盛有水的水槽，一张 A4 纸，一根蜡烛，小组讨论想出办法使纸放在蜡烛的火焰上坚持烧 20 秒以上而不被烧毁，可通过希沃授课助手对学生们的操作进行投屏直播，同时提醒学生注意安全。

做完活动后让成功的小组分享实现方法，同时引发学生思考“为何纸没有被烧毁”，让学生明白在这个挑战中水与纸之间的合作关系，引导学生得出结论——“纸”想告诉你：发扬合作精神，共同促进。

师总结：要想追梦，那就必须“懂合作”。

课堂实录：

师：接下来是第三个梦想挑战，不怕烧的纸。每一组的桌面上都有一个盛有水的水槽，一张 A4 纸，一根蜡烛。请先讨论一下，如何使用手头的工具，让纸不怕被蜡烛火焰燃烧，然后动手试一试，看看哪个小组的纸能在火焰上坚持 20 秒以上。

（引导学生通过折纸盒，装水后组员间配合将纸盒放在点燃的蜡烛上烧，观察纸盒是否被烧毁，对各小组的操作和操作成功的小组进行投屏直播和点评，强调安全事项）

师：让我们来看一下这一组同学，请一位同学来分享一下你们的解决方案。

生：我们是把纸浸在水里，把它充分浸湿，然后再挤掉多余的水分，最后放在火焰上烧。（小组合作挑战“不怕烧的纸”，见图46）

图46

师：那么，你们成功了吗？

生：有些地方被烧着了。

师：烧着的原因是什么？

生：被烤干了就着火了。

师：再让我们来看看另一组，你们成功了没？

生：应该是成功了，有点被熏黑了，不过好像没烧着。

师：我们把黑灰擦干净看看……确实没有烧着。跟大家分享一下你们是怎么做的吧。

生：我们折了一个纸盒，然后装上水放到火焰上烧，我们觉得只要纸盒没被浸烂且盒子里的水没干，就可以一直烧下去。（纸盒装水挑战“不怕烧的纸”，见图47）

图 47

师：非常棒，那么这个挑战中，“纸”想告诉我们什么呢？

生：要相互配合。

生：要互相帮助。

师：在这一次挑战中，水与纸并不是对手，而是战友，像你们在纸盒中加入一定量的水的时候，其实两者就产生了合作，当我们给纸盒加热的时候，纸盒的温度没有达到它的燃点，就不会烧起来，那么热量跑哪去了呢？

生：被水吸收了。

师：确实如此，纸容易燃烧，但水不容易，两者配合就得到了我们想要的结果。就像我们每个人都有自己的核心竞争力和自己的弱项，有时候你的弱项恰好是别人的强项。比如你数学好我英语好，你教我数学我教你英语，那么我们俩发挥了各自的核心竞争力，同时也能互相促进共同进步。所以，“纸”想告诉你：“发扬合作精神，共同促进。”要想追梦，那就必须“懂合作”。

（设计意图：通过小组讨论与教师引导，让学生们学会转变思维，进一步通过活动让学生体会合作的重要性）

播放剪纸艺术的视频，展示纸的无限可能性。

演示一张纸通过简单的折叠后能支撑起重物。

给出结论——“纸”想告诉你：追求卓越，可能无限。

教师总结：只要有追求，一张纸都有无限的可能，我们也一样。

课堂实录：

师：或许有同学会觉得，无论做出多大的努力，纸还是纸，一张纸的“纸生”又能精彩到哪里去？下面让我们通过一段视频来看看一张纸通过简单的裁剪能变成什么样的艺术品。

（播放视频）

师：大家看，一张纸都能变成这么精美的艺术品，只要有追求，一切皆有可能。除此之外，看似柔弱的纸，还能担起重担呢。给大家一张 A4 纸，你们能不能搭建起一座能支撑起一瓶矿泉水重量的桥梁呢？

（学生用一张折叠后的纸支撑起一瓶矿泉水，见图 48）

图 48

师：非常棒，很多同学都成功地实现了。有同学将纸折成扇形，有同学卷成纸筒……奇思妙想都很多。那么，老师也演示一下用一张纸能支撑起多少瓶水的重量。

（通过希沃授课助手投屏演示。通过特殊的折叠方法，一张纸可以支撑起一打矿泉水的重量，这个演示对学生们带来的震撼还是非常大的，特别是一些同学在自己尝试时连一瓶水都支撑不起来）

生：哇！太夸张了！

师：所以，只要敢想敢干，你们都会有无限的可能。

（设计意图：通过视频播放与实际演示纸的可能性，增强学生的自信，让他们明白自己的未来具有无限的可能性，激发学生追梦的热情）

三、放飞我们的梦想

（1）请各位同学完成自己的梦想清单（见表4）。

表4　梦想清单

<table>
<tr><td colspan="3">梦想从这里起飞</td><td colspan="2">姓名：</td></tr>
<tr><td rowspan="4">期末目标分数
总分：________</td><td>语文</td><td></td><td>数学</td><td></td></tr>
<tr><td>英语</td><td></td><td>政治</td><td></td></tr>
<tr><td>物理</td><td></td><td>历史</td><td></td></tr>
<tr><td>地理</td><td></td><td>生物</td><td></td></tr>
<tr><td>我的梦想高中</td><td colspan="4"></td></tr>
<tr><td>我的不足</td><td colspan="4"></td></tr>
<tr><td>我的核心竞争力</td><td colspan="4"></td></tr>
<tr><td>我的中考格言</td><td colspan="4"></td></tr>
</table>

（2）分享格言，互相激励。

（3）折成航标，让学生贴在桌面，使梦想时刻指引与激励自己飞翔的方向。

课堂实录：

师：小小的A4纸告诉我们，只要重积累、善发掘、懂合作、追求卓越，我们也能拥抱自己的梦想，现在请各位同学完成自己的梦想清单。

师：请各位同学将你写下的格言与其他同学分享，互相激励。

师：最后，请各位同学课后将这张梦想清单折成航标，粘贴在自己桌面上，希望它能陪伴你们度过中考前的日子。

（设计意图：通过这个环节让这节课的教育效果延伸到课后，持续激励学生）

四、让梦想照进现实

（1）带领同学们一起将正面写着梦想、背面写着现实的纸条粘贴成莫比乌斯环。（莫比乌斯环 ×4 打印图样，见图 49）

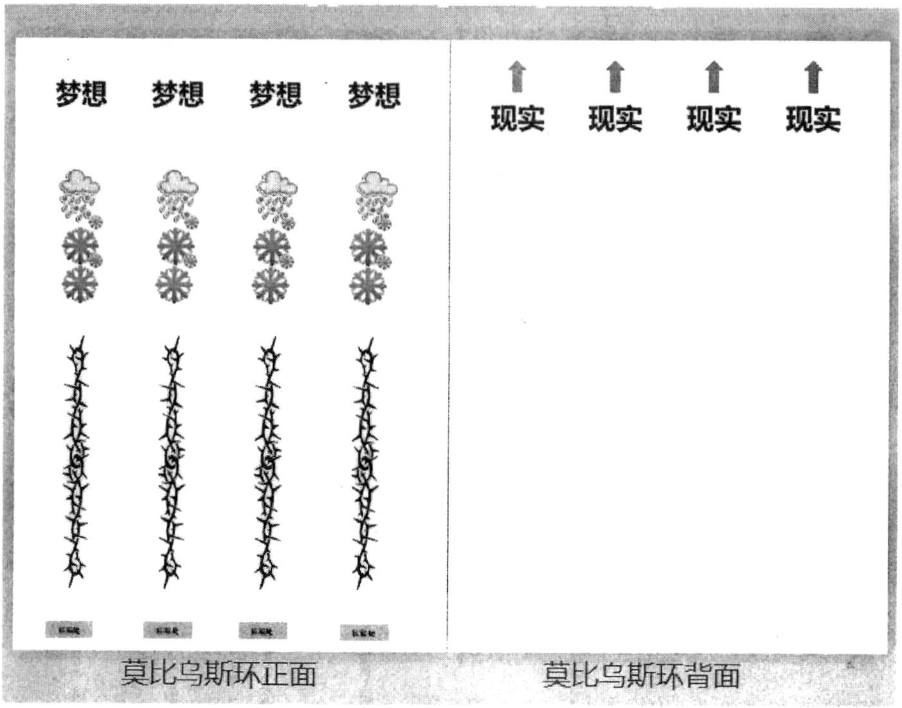

图 49

（2）齐读。

（3）合唱歌曲《我的梦》结束班会。

课堂实录：

齐读：现实与梦想的距离，有时就像一张纸的两面，现实在这面，梦想在背面。但是只要朝着梦想一直走下去，我们就能把梦想变成现实。

（学生制作莫比乌斯环，见图 50）

图 50

师：最后，让我们一起来合唱这首《我的梦》。

师：今天的班会课到此结束。

（设计意图：通过莫比乌斯环的特性让学生们知道梦想与现实的距离其实并不远）

教学反思与建议

这节课的所有体验活动都跟纸有关，几个体验活动操作性强、易上手，学生们都能够很容易地投入进来，对于学生们来说，要比单纯的说教式班会有吸引力得多。但是由于活动安排得比较密集，所以留给学生们反思和表达的时间比较少。建议可以适当地减少体验活动，同时把活动做透，特别是多给学生思考与发言的机会，不要急于去给学生们做小结，最好是每个环节都是由学生自己总结经验与反思。如果有可能的话，也可以考虑将这节课的几个活动单独拿出来各自作为一节微班会开展，能够将活动做得更加透彻。

（更多精彩，可扫描下方二维码获取本节班会课课件）

教师点评

点评1（枫溪中学 邱少莹）

“青春，让梦想飞翔”是关于“梦想”的主题，如何让整节课远离“高大空”、做到“近小实”是关键。万钿老师这节主题班会课谋篇布局好、主题突出，切入口小、引入精彩、内容贴近学生生活实际，达到很好的育人效果。主要表现在以下几方面：

1. 突出“体验式”活动设计。德育在于活动。本节课通过一张A4纸的梦想，设置了三个体验活动，让学生在活动中体验，在体验中感悟，从而引发学生内心的深层思考，引起学生的情感共鸣。整节课学生参与度高，现场师生互动性强，气氛热烈。

2. 文案设计线索清晰、结构紧凑、层层推进。在“导入”这一环节中，先以观看“北斗系统”的收官视频引出“飞天梦”，再播放全国著名大学的视频引出“大学梦”，最后由教师引导学生努力去实现即将到来的“高中梦”，由远及近，由大及小，一步一步让学生心中有梦。之后，用三个体验式的活动设计层层深入地引导学生如何用实际行动圆梦，很好地做到知、情、意、行的有机统一。

3. 精美的课件在让人惊艳的同时也能很好地为教学内容服务。

建议在体验活动环节可以更深入地启发学生分享自己的内心体验和感悟，同时更多地挖掘学生分享过程中出现的生成性教育资源。

点评2（阳光实验学校　李枫）

佘万钿老师的这一节主题班会活动课，富有活力与张力的活动设计、制作精美的课件、先进娴熟的电脑操作，让人耳目一新，更让我感受到“体验式主题班会”的魅力。

魅力一：导入充满激情。以“北斗系统”收官视频引入“中国梦”，极具时代感；用全国著名大学的宣传视频导入“我的梦”，伴随着节奏感强烈的音乐，奠定了本节课积极、奋进追梦的主调。

魅力二：一张普通的A4纸贯穿一整节课，带来三次有趣游戏的体验。小纸张、小游戏，蕴含大道理——重积累、善发掘、懂合作、有追求。特别是当经过折叠的A4纸承受起5瓶矿泉水的重量时，学生不由自主的鼓掌充分说明了这一系列层层推进的活动体验触及了他们的心灵，让他们真正在活动中有所感悟。

魅力三：一次付诸行动的落实，通过完成自己的梦想清单，激励学生实现自己的梦想。这一设计，既是教育功能的延续，更是教育效果的巩固。

点评3（崇礼中学　蔡碧佳）

佘万钿老师的主题班会课“青春，让梦想飞翔——‘纸’想告诉你”让我最震撼的一点是，原来班会课，还能这样“玩”。从“玩”中体验，从“玩”中感悟，真正做到寓教于乐。

这节班会课以A4纸贯穿始终，围绕教学目标，设计了三个别出心裁的小游戏——“撕不烂的纸”“浸不湿的纸”“不怕烧的纸”，让学生自己动手实操，通过“玩”，感悟到“纸”想告诉你的道理，从而激发学生的学习积极性，向更高的目标奋进。在此期间，佘老师对于多媒体平台软件的娴熟运用，在授课课件与学生实操直播画面之间自如切换，也让课堂增色不少。

建议通过游戏，“纸”想告诉你的道理，可由学生生成感悟，教师适当引导即可。课堂内容过于丰富，辅助教学的视频材料过多，适当取舍，贵精不贵多。

点评4（云光中学　黄雪娟）

佘万钿老师的这节主题班会课，充分展示了新时代智慧型班主任的课堂风格，设计课堂的独具匠心、驾驭课堂的运筹帷幄，使听者深有感触。

一是立意鲜明，具有时代气息。以“北斗系统”收官视频中习近平主席的讲话“中华民族是勇于追梦的民族”，引出“中国梦”，进而切入主题，启发学生追求自己的梦想。

二是内涵丰富，突出“体验式主题班会”的特色。选用A4纸作为载体，让学生体验“纸”的华丽变身，明白了“梦想”的意义。

三是形式多样，生动活泼。整节课在轻松、和谐的气氛中一挥而就。佘老师选用了精彩视频、追逐梦想的美文、物理实验器材、纸质艺术品等，调动了学生的主观能动性。

同时，学生语言表达简洁，逻辑严密，富有哲理性，体现了学生较高的综合素质，这也为本节课增添了亮丽色彩。我想，学生通过这节主题班会课，会认识到青春的宝贵，获取实现梦想的力量。

点评5（古板头中学　刘顺勇）

观摩了佘万钿老师的公开课，我获益匪浅。具体点评如下：

（1）佘万钿老师对多媒体软件的运用娴熟，让整节课的总体效果增色不少。公开课一开始，我就被那动态的界面所吸引，视频给我以强烈的新鲜感和现场感，让人耳目一新。

（2）对课堂驾驭娴熟。简洁的语言、轻松的教态，给人以亲切感，课堂亲和力十足。

（3）切入点的选取紧扣题目。用A4纸的梦想——“撕不烂、浸不湿、不怕烧”来切入主题，展示了“有梦想的人生，有无限可能”的主题。

（4）运用梦想清单，给学生具体可感的目标。通过梦想清单，让学生明白，大梦想的达成，需要一步步地积累小目标。

（5）注重课堂延伸。要求学生完成折叠航标的课后任务，可以让学生在课后加深对梦想的理解，落实情感目标。

（6）梦想清单的拓展可以更深入，加强对学生行动力的引导。

（7）以齐读文段结束课堂感觉缺乏感染力。

点评6（益盛中学　蔡昭萍）

这一节主题班会课形式多样，主题鲜明，针对性、教育性强。

整节课每个环节都能够紧紧相扣，实实在在地体现了体验课的本质，让学生真真正正在体验中得到启发，使学生增强自信心，激励他们为梦想而努力。

这节课在对每个实验进行总结的时候，如果教师能够给出更多的小结或者更广的拓展就更加完美。如果时间允许，可以把事先准备好的表格作为延续性的作业，这样也可以让学生通过这节课来给自己树立目标，从而实现梦想。

点评7（瓷都中学　李世龙）

这节班会课主题鲜明，符合学生的年龄特点，活动安排有序，做到教师是主导，学生是主体。同时佘老师充分展示了优秀班主任的专业素养：表达清晰且有感染力，点拨到位，掌控自如，就像一位老铁匠，一锤一琢，浑然天成。这节优秀的主题班会有两个亮点尤其突出：

1. 活动设计新颖且有效

以一张A4纸为媒介，设计三个体验式活动让“纸”告诉学生要达成梦想需要怎样做。

2. 充分体现出“体验”形式

本节班会的三个活动可执行性强，学生亲身去尝试、去实践，在体验中感悟、收获和成长。

本节班会课给我很大的触动，激发了我的思维，不禁吹毛求疵，提一点建议：“纸”告诉学生的内容若由教师小结转换为学生谈感悟，也许效果会更明显。

点评8（瓷都实验中学　郑玉霞）

佘万钿老师的这节主题班会课开启了我对“中学体验式主题班会”的全新认识。整节课目标明确，主题鲜明，在教师的循循善诱下，有层次、有深度地开展着，把“中国梦”细化到“我的梦”。活动的设计能触动学生实现梦想的心灵，特别是一张纸能支撑五瓶矿泉水的实验，让学生感觉到人的力量也是无穷的，现场的掌声就可知这个环节的成功。不足的地方：让学生实验的时间过长，导致后面环节时间仓促；有些环节学生发言不是很到位；还有学生所填的“梦想清单”使用率不高。

点评9（枫溪中学　钟丽芳）

余万钿老师执教的这节主题班会让人耳目一新、实在惊艳。

本节课的亮点一：整堂课让学生全程体验，突出体验式教学模式。通过精心设计的小实验，引导学生通过自己的体验，领悟出自己的梦想其实是可行的、可实现的，并不是遥不可及，从而明白：即便是一张平凡的“纸”，只要“重积累”“善发掘”“懂合作”，就能“潜力无限”，实现自己的“高中梦”“名校梦”。

本节的亮点二：余万钿老师能够纯熟运用多媒体教学技术，课件内容丰富多彩，为本节课增色不少。同时该教师各方面的综合素质高，课堂活泼有序。

由于实验的时间安排上较仓促，导致最后环节没落实。在此提个小建议：把最后的“潜力无限”的这个部分通过教师口头表述或者以独白和旁白的形式直接呈现出来让学生看。

学生感言

感言1（许译诺）

上周，班里开展的一节以“梦想”为主题的班会课，使我受益颇深。

课上，老师提出了“如何能让一张纸做到不会被撕碎，不怕被水浸，不惧被火烧”的挑战，同学们皆踊跃尝试。通过完成了各个挑战，我们明白了或许它保持单薄形态之时并不能实现这些看似不可能的挑战。可当它进行数次对折、腾空卡于杯壁间、折成纸盒装上水后，这些不可能都变成了可能。

我恍然大悟。虽然它只是一张纸，它怕手撕、水淋、火烧，但它不放弃更不退缩，通过自己的改变做到了这一切。“纸”想告诉你：无畏无惧，没有什么荆棘是跨不过去的。

和纸一样，我也有一个梦——考取浙江大学。有人说梦很遥远，可我并不这么觉得，梦想的实现是知识与汗水筑就的，一步一耕耘，如纸一般，它也需要一遍遍折叠，一遍遍重复，一遍遍巩固。

少年未来可期，不负期许。

只想告诉自己，你能行你可以！

感言2（谢师翰）

上周，班里开展了一场关于梦想的主题班会，总的来说这节课让我收获甚多，感悟至深，更加坚定自己所奋斗的目标。

这节课，我们迎来了一位嘉宾——“纸”。它告诉了我们它的梦想——成为“浸不湿、不怕被火烧、不怕被撕碎”的纸。当然，大家也帮它一一实现了梦想。我想这位特殊的嘉宾或许是想告诉我们一些道理：在追梦道路上要持之以恒努力奋斗，铸造更坚强的自己，同时也要团结他人，渡过重重难关。

看似布满鲜花的阳光大道，有可能也布满了荆棘；看似一路无阻，亦有可能是一路弯曲的羊肠小道。但无论前方的路有多难走，我们都要义无反顾地去闯。或许荆棘过后又有一片鲜花，或许风雪过后又有一片蓝天！以梦为马，不负韶华。希望正在奋斗的你，能够永远不言弃，闯出自己的一番新天地。

感言3（陈煜琦）

这次主题班会课老师设置了许多有趣的活动，帮助我们寻找梦想，寻找实现梦想的方法。

梦想到底是什么？是考上清华北大？还是成为一名钢琴家？是无忧无虑的生活？还是为祖国做贡献？看似平淡无奇的白纸，也可以不怕撕、不怕水、不怕火，承担起“千斤重”的负担。然，勾践卧薪尝胆，尽全力复国，不就因为他心中有梦想，为梦想而奋斗了吗？所以人须先有梦想，后再为梦想而奋斗。此路不通，就换一条路走。发掘潜力，使自己更加优秀。改善弱点，与同伴携手共进。寻找你的梦想，为梦想而奋斗吧！

青春，让梦想飞翔

——点亮梦想，唱响青春

潮州市枫溪区古板头中学　刘顺勇

教育背景

2019 年，党中央、国务院印发《关于深化教育教学改革全面提高义务教育质量的意见》，明确提出“坚持立德树人，着力培养担当民族复兴大任的时代新人”的方向。在基本要求上，强调“坚定理想信念、厚植爱国主义情怀”的教育目标。利用主题班会课，加强学生的理想信念教育，具有重大的时代意义。

教学目标

1．认知目标

通过图片、音乐、视频、问题互动、活动体验、唱歌等多种形式，引导学生懂得“青春与梦想”的内涵。

2．情感目标

引导学生明白确立远大梦想的重要性。

3．行动目标

引导学生为了梦想而坚定目标、努力学习。

教学过程

一、感知“青春与梦想”

（一）由名言、诗词引入话题，引导学生感知“青春”

（1）师：同学们，在座的都是正当青春的青少年，你们是否明白“青春”是什么呢？今天，让我们一起来探讨。

1957年11月17日，毛泽东第二次访苏期间，在莫斯科大学礼堂接见了中国留苏学生代表。他向在场的青年说道：“世界是你们的，也是我们的，但归根结底是你们的！你们青年人朝气蓬勃，好像早晨八九点钟的太阳……希望寄托在你们身上。”

大家想想，为什么毛主席会将正当“青春”的青年学生比作“早晨八九点钟的太阳”呢？请分析一下“早晨八九点钟的太阳”，说说你对“青春”的理解。

生：一日之计在于晨，“早晨八九点钟的太阳”意味着一天的开始。青春意味着新生。

生：清晨的阳光不毒辣，照在身上很舒服。说明青春很美好。

生：“八九点钟的太阳”，说明一天离结束还有很长的时间，意味着“青春”的人生还有很多机会。

师：是的，青春是人生最美好的时光。

（2）师：唐代杜秋娘在七言乐府《金缕衣》中说道：“劝君莫惜金缕衣，劝君惜取少年时。花开堪折直须折，莫待无花空折枝。”这又说明“青春”有什么特点？

生：青春很短，不会为任何人停留。

生：青春就像是无价之宝，很珍贵。

师：大家说得很好，青春就像是一趟单程列车，没有回程。青春是短暂而宝贵的，我们要好好珍惜。

启示：青春是人生最美好的时光，是短暂而宝贵的。青春是坚强的，即使会彷徨，但青春不轻易对困难屈服。只要心中有梦想，青春就有无限可能。

（设计意图：本环节旨在引导学生理解“青春”的含义，反思自我）

（二）从“梦”字的解析、歌曲和梦想清单引入话题，引导学生感知“梦想”

（1）师：同学们，大家知道这个字是什么吗？

（幻灯出示甲骨文的“梦”字）

生1：看不清楚。

生2：看起来像一个人。

生3：看起来好像有一只大眼睛在一个人的上面。

师：对了。这个字左边是一张床，右边画了一个人，这个人躺在简陋的床上。人的上面画了一只大大的眼睛，看起来睡眼蒙眬。这个人应该是睡着了。那么，人睡着了，他可能会干什么事呢？

生：一个人睡着了，最多只剩下呼吸了，其他的什么都干不了。

师：是吗？

生1：可能会梦游。

生2：老师，他启发了我。一个人睡着了，有时候还有意识，可能会做梦。

师：对了。我们说，日有所想，夜有所思。所以，我们的老祖先非常聪明，用近乎画画的形式表达了文字，是非常朴素的造字法。

（2）师：下面请大家来听歌（播放励志视频《少年》），大家请注意MV中的歌词和对白。

师：同学们，看完视频有没有热血沸腾的感觉呢？大家来说说感受。

生1：看到视频中师兄师姐们高远的理想，我也心动了。

生2：那一句“别人可以做到的，我也可以”深深地震撼了我。

师：说得很好。这首歌曲的歌词及对白里有没有令大家特别震撼的句子呢？给了你什么思考呢？

生1：有。歌词中说，“追梦的路上，总有失落喜悦交缠。笑过哭过，都是最珍贵的纪念。要走过黑夜，才能期待明天。相信着，未来将会被你们而改变。”我觉得有了梦想，还要坚持努力，才可能有我们想象中的最好结果。

生2：为梦想而奋斗是青年的使命。即使别人认为我们的梦想不着边际，也要努力坚持。

师：同学们，青春如此美好，梦想如此诱人。让我们一起为已经拥有的或即将拥有的梦想而加油鼓劲吧。

（教师带头鼓掌，学生鼓掌）

（3）师：下面分发梦想清单小纸条，请大家完成梦想清单（表5）的填写，尤其要注重“预计困难”和“实际行动”的思考。

（播放张靓颖歌曲《梦想》，给学生营造一个正能量的氛围。约3分钟后，抽查个别学生的梦想清单并投影）

表5　梦想清单

我的梦想是什么？	
实现梦想需要多长时间？	
预计会遇到什么困难？	
我会放弃吗？	
我会如何去做？	

师：让我们看看大家有什么“梦想”。哦，大家都写得很棒，梦想很远大。比如，“教师”“科学家”“医生”“航天员”“环游世界”……这是多么远大的梦想啊！我们预祝这些同学经过自己的不懈努力后，实现自己的梦想。

启示：

①梦想是对未来的一种期望。

②梦想是可以通过努力达到的。

③梦想就是一种让你感到坚持就是幸福的东西。

④梦想就是一种信仰。圆梦路上，绝非一帆风顺，对待困难的态度，将非常重要！

（教师展示课件，帮学生直观感知“梦想”，见图51）

图 51

（设计意图：本环节旨在引导学生认识“梦想”，激发其斗志）

二、我的梦想，我来点亮

（一）演示实验：复燃的木条

（1）师：下面我们来演示一个实验。我们准备了一些实验器材：烧杯、试管、小木条、打火机。还准备了实验用的药品：二氧化锰粉末、过氧化氢溶液。先在试管中加入适量的过氧化氢溶液，再加入适量的二氧化锰粉末。观察一下，液体发生剧烈的反应，产生大量的气泡。接下来，我们将小木条点燃后吹灭，只留一点火星。最后，我们将带火星的木条放进试管中的空隙中。大家看看发现了什么变化？木条重新燃烧起来！

（学生：鼓掌，欢呼起来）

师：同学们，大家是不是觉得很神奇呢？这其实是一个关于氧气的实验。过氧化氢溶液在催化剂二氧化锰的作用下，发生剧烈的化学反应，分解成氧气和水。出现的气泡就是氧气，它是助燃剂。带有火星的木条，放在充足的氧气中就会复燃起来。现在大家分组动手，开始实验，六个小组长带领组员安全地做实验并细致观察，做好笔记。最后，所有组员思考并交流一下这个实验给自己带来什么想法或者启发，并由各小组代表发言。

（学生分组开展实验，每个组员有一次动手的机会，见图52）

图52

生：实验很神奇，很好玩。

师：确实很神奇。

生：像变魔术一样，溶液里突然就出现了很多泡泡。还有小木条的火已经灭了，不再点火却能重新燃烧起来。

生：在不同的环境中，事物会出现不同的结果。

生：一切皆有可能。

生：小木条虽然熄灭了，但是内在的温度还很高。所以遇到氧气后，就能再次燃烧。说明了只要有满腔的热情，即使你现在是青铜，有一天，你也有可能变成王者。

师：说得很好。

（二）实验的意义

师：同学们，我们来打个比方，将熄灭的木条比作暗淡的青春（或失败的人生），木条仅存的火星比作信心，氧气比作梦想（或机遇），复燃的木条比作成功。我们可以发现什么呢？

（师生围绕实验的意义展开对话，见图53）

图53

生：坚持就是胜利！

生：信心和机遇一样重要。

生：失败不可怕，坚持就能胜利。

师：对。说得很好。失败并不可怕，只要我们保持信心，朝着梦想的方向不断努力，终有一天，机会到来了，水到渠成，我们的梦想就可能实现。

启示：梦想就像黑夜中的一盏明灯，照亮我们前行的道路。梦想是激活青春的催化剂，在通往成功的路上，梦想必不可少。

（设计意图：本环节旨在让学生体会到坚定信心、持续努力的重要性）

三、我的梦想，我来放飞

（一）体验活动（蒙眼跨障）

（1）遇到困难，我们该怎么办？

师：接下来，我们玩一个游戏，叫蒙眼跨障。

（我们在教室中间摆上三个障碍物，画上起点线，给一分钟的时间让学生们尝试跨越）

生：这么简单，太容易了。

师：别急，蒙上眼睛可就没那么简单了。现在每个小组中挑选一个同学代表上台比赛，看谁能更快到达终点线。旁边围观的同学可不能说话提醒哦。

（选手全部上台并立即蒙上双眼，在起点线前排队准备参加跨越障碍比赛。一切就绪，比赛开始。我们悄悄移走障碍，让选手开始跨越。这时候，站在起跑线上准备跨障的学生并不知道障碍物已经全部移走，所以还是小心翼翼地跨越“障碍”。每位参赛选手比赛结束后，我们也给他们解下蒙眼的纱巾，让他看其他选手的比赛。周围看比赛的同学都被参赛者谨慎而缓慢的动作逗得捧腹大笑）

师：现在比赛结束了，大家觉得这个游戏好玩吗？

生：好玩。

师：好玩在哪里？

生：选手们不知道障碍物被清掉了，还是凭着印象在没有障碍物的场地上做躲避的动作，这让人觉得很搞笑。

师：除了搞笑，还有什么？

生：让我们明白了一些道理。

师：什么道理？

生1：按照以往的经验去做事情，未必是对的。

生2：有时候我们做错了事，自己还不知道。

师：很好。大家想想，当初的障碍物是存在的，但是后来不存在了。当时障碍物明明已经消失了，但选手们跨越的时候，他是否知道障碍物不存在？

生：不知道。

师：障碍物还在不在？

生：不存在。

师：那他们为什么还在小心翼翼地跨越？

生：因为他们觉得面前有障碍物。

师：他们觉得障碍物在哪里？

生：面前。

师：但实际呢？障碍物在哪里？

生：在记忆中。

（2）教师点拨，启发学生。

启示：最可怕的障碍物存在于我们心里。我们在成长路上会遇到很多障碍，有些是看得见、摸得着的，这些障碍并不可怕。可怕的是，明明障碍是不存在的，而我们自己却在心里为自己设置了一个个障碍（或困难），只有跨越这些自己内心设置的障碍（或困难），才有利于我们的成长。

（设计意图：本环节旨在让学生懂得消除心理的障碍，能有利于我们的成长）

（二）梦想如何实现

（1）师生深入对话，探讨梦想如何实现。

①医生梦。

师：你的梦想是什么？

生：我想成为一名医生。

师：你为什么想成为医生？

生：救死扶伤。

师：你觉得医生应该具备什么本领？

生：要有高超的医术。

师：你将如何实现这个梦想？

生：考上培养医生的大学。

师：对。考上医科大学。大家觉得什么人才有资格考大学吗？

生：认真读书的人。

师：很多同学都很认真啊！但有些人却没有上大学。

生：哦，必须是高三考生，才有资格参加高考，才有可能考上自己想要的大学。

师：对，有志向、有能力，还要有资格。初中生要怎样才能成为高中生？

生：先要考上高中，最好是重点高中，确保考上医科大学的机会更大。

师：对，那么我们现在就要好好学习，争取中考可以考上一所好高中，将来再参加高考。预祝你将来能成为医生，救死扶伤。

（师生就如何实现梦想展开对话，见图54）

图 54

②宇航员梦。

生：想成为一名宇航员。

师：这个梦想很远大，但你知道成为宇航员有多难吗？

生：我了解过，想成为宇航员就必须先成为飞行员。

师：你知道如何成为飞行员吗？

生：不知道。

师：你应该先考上航空航天大学，学习飞行技术，才有可能成为飞行员。但前提是考上高中，还要有强健的体魄和过硬的心理素质。

生：谢谢老师，我要争取在中考中取得好的成绩，将来考上能学习飞行的院校。

师：预祝你成功！

③环游世界梦。

师：刚刚你说想环游世界。你打算如何实现梦想？

生：我要拼命攒钱。

师：有钱就一定能环游世界吗？

生：不，还要有时间。要有钱还要有闲。

师：如果要自助游，你就必须有钱有闲。首先，要有一定的知识和规划能力。比如，了解各国的民情风俗、政治动态、社会治安、法律法规等。其次，要通晓外语，具备语言沟通能力，比如英语这种国际通用的语言。

生：我觉得我可以聘请当地的导游或者翻译。

师：这当然很好，有时也很有必要。但是，要有美好的体验和足够的安全，我们最好还是多少会说一点外语。所以，最好还是上大学，学习外语，为实现梦想做好准备。

生：难道没有其他方法吗？

师：肯定有啊！比如，你可以成为导游，带团到世界各地旅游，也能实现梦想。但成为导游的前提是要具备丰富的知识储备，还要有导游资格。现在人才竞争加剧，对跨境导游的要求肯定会更高。所以，想成为导游最好还是到大学攻读旅游专业，才有更强大的竞争力。

生：那么，我们还是要好好读书，先考上高中再说。

师：对。还有，作为一个环游世界的中国人，我们除了去欣赏世界风光，你还需要展示自身的素养，毕竟作为中国人，出国在外，也不能给国家丢脸。到大学眼界更宽，也可以提高自身的素质。

师：同学们，综上所述，作为一名学生，学习是我们的任务，也是我们实现大梦想的基本前提。大家要追求大梦想，就要在学习道路上不怕困难，努力奋斗，坚持到底。

启示：拥有一个合适的职业、过上幸福的生活是许多人的大梦想。但是，这些高远的目标都往往需要渊博知识和远大目光来支撑。无疑，到高校去深造是最佳途径。“万丈高楼平地起”，对于青少年来说，努力学习、争取上高中来获得参加高考的机会，是我们目前最迫切需要实现的小目标。因为，没有高考，大梦想的实现就会变得比较困难。所以，好的学习成绩将是实现我们大梦想的重要前提。

（设计意图：本环节旨在告诉学生，学好知识是成就梦想的第一步）

（2）他山之石，可以攻玉。

（邀请学霸师兄录制视频，传授学习方法）

师：今天，我们请来了几位去年考上市重点高中的师兄，请他们为大家传授他们的学习方法。

（生：鼓掌……）

（教师播放学霸师兄传授学习方法的视频，见图55）

图 55

师：大家觉得师兄们的学习方法对你有帮助吗？

生：有帮助。我觉得简单可行，值得参考。

师：同学们，借鉴他人的学习方法，是提高学习成绩的捷径，也是实现梦想的好办法。

（设计意图：本环节旨在告诉学生，借鉴别人的好方法能提高学习效率，助力梦想实现）

（3）我的梦想，我来践行。

师：下面请欣赏视频《中国梦》。思考一下，它给我们带来了什么启发？

（播放视频）

生 1：我们要相信自己，付出就有回报。

生 2：每一次努力付出与每一滴汗水，都是成功前的铺垫。

生 3：正如歌词所说："不经历风雨，怎么见彩虹。"

师：大家说得非常好。梦想很美好，但若没有践行，一切都是空想。希望在座的每一位同学，努力做践行梦想的"行动家"，不要只是做一个"空想家"。

启示：每个人平凡的小梦想，将成就伟大的事业。"你我中国梦，践行每一天"，践行是实现伟大梦想前的第一步。

（设计意图：本环节旨在告诉学生，行动是实现梦想的第一步）

四、我的青春，我来唱响

师：总而言之，在圆梦路上，我们应做到以下几点：

①尽早树立高远的梦想。

②坚持正确的方向，即使失败也不要轻易放弃。

③努力奋斗，一步一个脚印。

④找到方法，为实现梦想打好基础。

最后，请大家一边欣赏潮州重点高中的校园美景，一边来高唱梦想吧！请齐唱青春偶像 TFBOYS 的歌曲《大梦想家》。

（学生齐唱歌曲《大梦想家》，见图 56）

图 56

教学反思与建议

这是一节以“梦想与励志”为主题的体验式主题班会课。在确定本课为“同课异构”公开课后，我及时同另一位老师进行了课堂教学方向及理念的沟通。我们确定了最终的题目，思考着如何将体验式的理念融入课堂中来激发学生的兴趣，以期突破难点，让学生能树立远大的志向，为学业赋能。

下面，我从四步来谈谈整节课的设计初衷。

第一步，感知“青春与梦想”。“青春与梦想”是抽象的概念，非常难把握。我选择了诗词、甲骨文和歌曲来激趣，再通过梦想清单，让学生获得灵感，一步步理解梦想的含义，并将梦想清晰化、文字化，达到了知其然的效果。这是本课的第一步，解决了“是什么”的问题。

第二步，点亮梦想。这一步，我重点思考“为什么”这个问题。我通过一个有关氧气的实验，引导学生动手体验、思考，告诉学生，梦想是一种神奇的东西，只要我们朝着梦想的方向，不懈努力，终将收获成功。

第三步，放飞梦想。我从四个环节解决学生“怎么办”的问题。首先，学生通过体验“蒙眼跨障”，懂得消除心理障碍的重要性。其次，通过对话圆梦，触发学生的深度思考，让学生真切懂得知识助力成长的道理。再次，通过一段学霸师兄的学习方法分享视频，教会学生，借鉴与学习他人高效的学习方法，可以离成功更近一步。最后，通过《中国梦》视频，告诉学生，伟大出自平凡，行动是实现梦想的第一步。

第四步，唱响青春。学生齐唱歌曲《大梦想家》，激发、内化学生的热情，将本课推向高潮。

对于“梦想”这个课题，我建议，不要用自圆其说的填鸭式教学法来告诉学生结果，而应通过激发兴趣、亲身体验、情感共鸣、深刻反思，慢慢地引导学生立下志向，从而达到水到渠成的效果，这样才比较“接地气”。

体验式教学，重在引导，让学生在体验中，由模糊的感性认识上升到清晰的理性认知，从而获得成长。作为教师，“引”要生动，“导”要有法。教师可以从学生个人动手、集体表演、参与感悟等角度，采用诸如科学实验、折纸手工、团队协作表演、问卷测试、听故事、深度对话等方式，让尽可能多的学生参与到体验活动中来，突破传统课堂“两人回答提问，其他学生当观众”的组织形式。这样，学生的接受才具备广泛性，课堂才具有生动性，内容才具有可操作性，结果才具有生成性。

（更多精彩，可扫描下方二维码获取本节班会课课件）

教师点评

点评1（枫溪中学 邱少莹）

“梦想”这一话题是个老话题，如何出新，如何落地很重要。刘顺勇老师修改教案时，很是用心琢磨，再加上工作室小伙伴们集思广益，增强了分享的价值。

亮点一：设计逻辑性强。整节课由感知“青春和梦想”—点亮梦想—放飞梦想—唱响梦想等环节构成，每一个环节环环相扣，层层剖析，步步推进，紧紧呼应主题“青春，让梦想飞翔”。

亮点二：教师主导性好。在“放飞梦想”环节，教师能通过师生之间的对话，不断提问，逐步引导学生生成“怎样才能践行心中的梦想”的正确导向，让学生真正做到“内化于心、外化于行”。

在这次“青春，让梦想飞翔”的同课异构活动中，佘万钿老师和刘顺勇老师的课都富有时代特征，形式多样有趣，教学内容贴近学生生活实际，且最后都能让大梦想落地，化成小行动，达到很好的育人效果。不同之处是，佘万钿老师的课凸显“体验式”活动设计，在体验活动中引发学生的内心深层思考；刘顺勇老师的课设计逻辑性强，在教师的主导下一步步让学生自己生成正确认知。这正体现了同课异构“同中求异”的价值。

点评2（崇礼中学 蔡碧佳）

刘顺勇老师的这节主题班会，让听者充分感受到他的用心——不管是课前会场的布置，还是这节体验式班会课所需实验器材的准备工作，抑或是课件中的学长学习经验分享视频，都凝聚着授课者的用心与巧思。

本次班会课内容丰富，材料新颖，形式多样有趣，贴近学生生活，符合七年级学生的年龄特点。其中励志视频《少年》能较好地激励学生早定目标、立志学习、勇敢追梦；两个体验式活动能够让学生在实践中感受到梦想的魔力以及圆梦之路可能会遇到的困难，并从教师的解说与引导中体悟到梦想是激活青春的催化剂，遇到困难要勇敢跨越它。

另外，刘顺勇老师的语文素养也在这次班会课中展现得淋漓尽致，如：恰当引用古诗中关于青春的诗句，分析甲骨文“梦”字的内涵，与学生深度对话时恰如其分的点评等等，语言言简意赅，富有艺术性。

点评 3（阳光实验学校　李枫）

刘顺勇老师的这一节主题班会活动课，准备充分、内容丰富、环环相扣、逐步升华，顺利达成了教育目标。

（1）引经据典，从名人名言、古诗词到汉字演变等角度引导学生理解“梦想”，化抽象概念为具体，从而有效地帮助学生理解梦想的内涵，这一设计彰显了刘顺勇老师的文学素养。

（2）注重体验式活动设计，通过亲自操作“复燃的木条”实验、亲身体验“蒙眼跨障”活动，为学生营造出轻松愉悦的活动氛围，有利于调动学生参与的积极性，调动学生在活动中体验和领悟。

（3）巧设比喻，及时点拨，启迪智慧。在“复燃的木条”实验中，以即将熄灭的木条喻失败的人生、以氧气喻梦想，引发学生感悟梦想的力量、梦想对青春的影响；在“蒙眼跨障”活动中，以障碍物喻困难，启发学生明白跨越困难的意义。

（4）借助榜样力量，激励学生奋进。播放优秀毕业生录制的视频，同龄人的现身说法、经验分享，更能激励、感召学生，从而产生思想、情感的共鸣。同时，优秀学生榜样形象、具体、幽默，也能引发学生追赶与效仿榜样的意愿。

建议：考虑初一学生的年龄特点，导入部分可以选择富有动感的青春歌曲或展示中学生青春活力的视频，既贴近学生，又能营造振奋、激昂、向上的课堂气氛。

点评 4（云光中学　黄雪娟）

刘顺勇老师的这一节主题班会活动课，课件精美，内容充实，德育导向明确，感情基调把握很有分寸。追梦的激情贯穿了整节班会课，积极乐观，催人奋进！这节活动课有三个亮点比较突出：

（1）借助诗词，引入话题。引用了杜秋娘《金缕衣》中的经典诗词名句，文学色彩浓郁，富有感染力，是学生喜闻乐见的。

(2) 制氧实验，生动有趣。学生通过体验，感受到助燃剂的“魔力”，从而明确，梦想就像助燃剂，激活青春，助力成长。这一环节的设计，点燃了学生追梦的热情。

(3) 情境真实，触发思考。刘顺勇老师精心设计，指导学生完成梦想清单，并设置情境，让学生体验圆梦过程中可能遇到的困难（障碍物）。通过梦想清单让学生顿悟，既要有“仰望星空”的诗意情怀，又要有“脚踏实地”的实干精神。

从旁观的角度，我认为“我的梦想，我来放飞”这一环节的设计，值得商榷。“知、情、意、行”中的“行”，即怎样实现梦想，作为主要环节，如果时间允许，可以让学生进行深度拓展。

点评5（枫溪中学　佘万钿）

刘顺勇老师的这一节主题班会活动课，内容能紧扣主题，能够与学生思想实际有机结合，有一定的针对性，整节课有不少亮点，让人印象深刻。

亮点一：古诗词与名人名言的引用和对“梦”字的解析体现了刘顺勇老师拥有较高的文化素养。

亮点二：每个小环节的点评，虽简短却富有哲理，能够给学生心灵上的触动，再次体现了刘顺勇老师深厚的语文功底。

亮点三：小实验与蒙眼跨障的设置体现了“体验式”主题班会的作用，即通过活动，充分地让学生参与进来，少了班主任的枯燥说教和一言堂，少了表演色彩，就是唤醒学生，让他们自我感悟、自我教育。同时，体验活动的设置有梯度，先是小实验让学生体会到梦想的重要性，蒙眼跨障又非常生动形象地让学生明白了实现梦想的道路上要跨越自己内心的障碍。

亮点四：学长们的视频又引导学生明白要让梦想落地，目前最首要的目标是考上高中。视频还给予了可以借鉴的方法，非常贴近学生的实际。

最后提一点建议，就是可以适当添加班会课的课后延伸任务，让这节课的教育效果在课堂之后得以延续。

点评6（益盛中学　蔡昭萍）

刘顺勇老师这节主题班会课，从“青春是什么？梦想是什么？”引入话题并且引导学生：青春是短暂而宝贵的，青春是人生最美好的时光，青春也是坚强的，从而引入梦想。刘老师巧妙地利用甲骨文的“梦”字，引导学生理解“梦想”的内涵，还用了多种形式激发学生对梦想的期待。实验“复燃的木条”中，教师演示然后让学生动手做实验并细致观察，启发学生思考，让学生明白失败并不可怕，只要保持信心，努力奋斗，朝着梦想的方向努力，就有可能实现梦想。接着是体验活动（蒙眼跨障），教师启发学生只有跨越自己内心设置的障碍（困难），才有利于成长。最后刘顺勇老师利用视频、问题互动等形式告诉学生梦想应该如何实现。

不足：这节课学生的参与和互动有点欠缺，主题班会体验课的体验方面有待更好地体现出来。

点评7（瓷都中学　李世龙）

刘顺勇老师精心策划、导演了以“青春，让梦想飞翔——点亮梦想，唱响青春”为主题的班会，给大家呈现一份关于梦想的“饕餮大餐”。

（1）主题鲜明，针对性强。刘顺勇老师针对初一学生对未来、对梦想完全处于一个懵懂的状态，对学生进行启迪，进行教育，让学生拨开云雾见太阳，清晰认识到青春要有梦想，梦想要有行动。

（2）程序清晰，环环紧扣，情感不断升华，感人肺腑。利用一张小小的“梦想清单”把“感知‘青春与梦想’—我的梦想，我来点亮—我的梦想，我来放飞—我的青春，我来唱响”四个环节串联成一体，设计巧妙，匠心独具。特别是两个体验式活动衔接自然，通过亲身体验，学生感悟到：即使达成梦想的路上有重重障碍，仍要坚定梦想，要点亮梦想。

（3）教师除扮演着总导演、总策划的角色外，又以朋友的身份、长者的身份平等地参与，适时穿针引线、画龙点睛，使主题班会教育从感性上升到理性，从生活上升到哲理。

点评8（瓷都实验中学　郑玉霞）

刘顺勇老师的这节班会课让学生在活动中逐步“点亮梦想，唱响青春”，整节课形式多样，其中亮点有：

（1）图片“梦”的甲骨文演变的讲解，以学生熟知的人物——老师、家长的梦，再到学生自己的梦，去激发学生对梦想的追求。

(2) 在实验“木条的复燃”和体验活动“蒙眼障碍”中，对青春与梦想路上所遇到的困难的打比方恰到好处，相信学生在以后的生活中遇到困难，会学以致用。

(3) 能根据学生的实际引导他们如何具体实现梦想清单中的预计困难，并以“学霸学长”视频现身说法，达到同龄人教导同龄人的效果。

(4) 结尾学生的大合唱，活跃了课堂的气氛。

不足之处：学生羞于表达或声音过小，如能大胆配合互动，效果会更好。

点评9（枫溪中学　钟丽芳）

刘顺勇老师主持的这节“青春，让梦想飞翔——点亮梦想，唱响青春”班会，从名人名言导入让学生感知“梦想是什么”，由“梦”字的含义和视频《少年》引出学生的梦想，“制造氧气”的课堂小实验和体验活动（蒙眼跨障）的设计让学生感知梦想的重要性并认清在实现梦想途中的障碍。映射出我们需要梦想，梦想是我们通往成功的内驱力，有梦想的驱动我们能发掘无限的潜能。最后结合“梦想清单”让学生明确梦想的实现在于践行，在于“跬步”积累。

刘老师的综合素养比较高，谈古论今，对优美诗句信手拈来，声情并茂，让学生如沐春风。课堂组织形式多样化，不管是名言警句的筛选、视频的编辑都可见这是用心设计的课堂。

建议：本节班会在“体验式”方面可以再添加一两个学生体验的小活动来落实“梦想”的大小与远近。

学生感言

感言1（桂立诚）

上周，我们班进行了一节班会课，主题是“青春，让梦想飞翔”。通过这节课，解答了我心中一直存在的疑惑。

这节班会课，我印象最深刻的是老师给我们演示的小实验。他小心翼翼地将透明的过氧化氢溶液滴进试管，又在试管中加入二氧化锰粉末，这时，试管内发生了剧烈的反应，产生了大量的气泡。老师点燃了小木条，然后将小木条吹灭，将带着点点火星的小木条伸进冒着气泡的试管中。这时，我们大家都惊呆了：小木条又燃烧了起来！

老师打了一个比方：将熄灭的木条比作暗淡的青春（或者失败的人生），木条仅存的火星比作信心，氧气比作梦想（或机遇），复燃的木条比作成功。

我恍然大悟。

我们常常认为梦想就像一杯水，容易得到，也容易失去。但我们却很少去思考，我们的梦想是一个小目标，还是一个大梦想，也还不懂大的梦想需要一步一步地去实现小目标，才可能最后达到我们要到达的成功。“水滴石穿”这句话大家都懂，但是，大家往往忽略的是，那日复一日，年复一年的坚持与付出。

感言2（徐柯峰）

经历了许多挫折后，我们开始对人生与梦想的关系有了更深的理解。我想，梦想就如同一包肥料，我们的青春就是一朵未绽开的花朵，只有坚持给花朵添加肥料，花朵才绽放得更美丽。

在几天前，我们班开展了一节关于“青春梦想”的主题班会。上完这节课后，我恍然大悟。以前的我一直以为梦想可有可无，现在我知道，我的成绩一直提不上去的原因了。

青春是美丽的，也是短暂的，错过就没有机会重来了。“少壮不努力，老大徒伤悲”，我们要把握好这美好的青春，将心中的心理负担去掉，朝着自己的梦想去努力，青春才更有意义。

梦想是什么？梦想就是我们坚持奋斗的理由！

感言3（翁烁仪）

在青春的航程中，我们会迎来太多无法预测的东西。人们总会用激情、自由、无忧无虑等字眼来形容它，但是，我却不这么认为，我从来不会用任何固定的词语来规定它，因为青春对每个人来说都是与众不同的。

青春旅途中，有一条小路，它人烟稀少、寸步难行，但是我们不得不坚持前行，因为它的尽头种着梦想的种子，而我要去将果实摘取下来。在这漫长的路上，我们走得很辛苦，但我们并非没有快乐。当我们离目标越来越近时，我们会感到快乐。一路上，我们能做到的就是厚积薄发，走好每一条崎岖的路，即使路上有嘲笑、讽刺也没有关系，我们只要努力奔跑就好了。当我们跑得快时，我们听到的会是从风中传来的称赞、羡慕。这些都是我们一路上收到的勋章，都是送给未来的我们最好的礼物。

如果说，青春是足迹，那么梦想一定叫作远方。请同学们相信，万物可爱、人间值得、未来可期。

青春，梦想在路上！